本书系广东省重点建设学科科研能力提升项目“乡村振兴战略下
区域性维护与提升模式的探索与构建（2021ZDJS066）

以行健心：
小学心理健康设计与实施

廖素群 ◎著

吉林大学出版社
·长 春·

图书在版编目（CIP）数据

以行健心：小学心理健康设计与实施 / 廖素群著
. -- 长春：吉林大学出版社，2023.10
ISBN 978-7-5768-2512-1

Ⅰ. ①以… Ⅱ. ①廖… Ⅲ. ①心理健康—健康教育—教学设计—小学 Ⅳ. ① G444

中国国家版本馆 CIP 数据核字（2023）第 216804 号

书　　名：以行健心：小学心理健康设计与实施
YIXING-JIANXIN：XIAOXUE XINLI JIANKANG SHEJI YU SHISHI
作　　者：廖素群
策划编辑：卢　婵
责任编辑：卢　婵
责任校对：安　萌
装帧设计：三仓学术
出版发行：吉林大学出版社
社　　址：长春市人民大街 4059 号
邮政编码：130021
发行电话：0431-89580028/29/21
网　　址：http://www.jlup.com.cn
电子邮箱：jldxcbs@sina.com
印　　刷：武汉鑫佳捷印务有限公司
开　　本：787mm × 1092mm　1/16
印　　张：18.25
字　　数：215 千字
版　　次：2023 年 10 月　第 1 版
印　　次：2023 年 10 月　第 1 次
书　　号：ISBN 978-7-5768-2512-1
定　　价：98.00 元

前　言

莎士比亚说："如果做好心理准备，一切准备都已经完成。"人们在生活中总会不断遇到问题、创伤、悲剧或威胁，而人们能够应对变化，承受挫折，爬起来再出发的心理准备在心理学中叫作复原力，它根植于健康的心理和健全的人格。只有心理健康、人格健全，才能在日常生活中保持坚韧不拔的精神，才能形成积极、乐观、自信、感恩的心理品质，在生活中获得满足和幸福。

儿童与青少年时期是个体生命中形成"心理准备"十分重要的阶段，是个体身心健康发展、社交能力和沟通能力形成及个人核心素质养成的关键期。孩子们的心理健康水平决定着他们未来能否发挥生命潜能，实现自我价值，能否成为自信、独立、有责任感和幸福的人。人们常说"哪里有儿童，哪里就有美好未来"，然而，如果没有了心理健康，美好未来就只是一座虚幻的空中楼阁。

儿童的心理健康不仅关系到自身发展和家庭幸福，还关系到社会的和谐与稳定。中小学生作为未来的建设者和接班人，其心理健康关乎祖国希望和民族未来，因此，加强学生心理健康教育势在必行。2012 年，教育部发布了《中小学心理健康教育指导纲要》，旨在加强和改进中小学心理健康教育工作。该指导纲要提出了"提高学生心理素质，促进其全面发展；增强学生自我认知、自我管理和自我调节能力；培养学生积极乐观、自信向上的心态；帮助学生解决心理问题，预防和减少心理障碍的发生；加强学校与家庭、社会的合作，共同关注学生的心理健康"

的具体心理健康目标。2013 年，教育部发布《中小学心理健康教育指南》，进一步明确了中小学心理健康教育的目标、内容、方法和评价标准，为学校开展心理健康教育提供了指导和支持。2023 年 5 月 12 日，教育部等十七部门联合印发了《全面加强和改进新时代学生心理健康工作专项行动计划（2023—2025 年）》，强调明确加强和改进学生心理健康工作的相关重要举措。

结合以上政策性纲领文件和数十年中小学心理健康教育的探索与实践经验，我们确立了"自我认识""高效学习""生活与社会适应""生涯教育""人际交往""情绪调试""生命教育"共 7 大主题课程和 1 个板块主题课程（如"走进心理学""年度总结报告""我的寒暑假计划"），内容从实际出发，用老师们有能力上的课和孩子们能听得懂的话，设计出从小学一年级到高中三年级共 12 个年级全学段的心理健康教育活动课，出版成小学版《以行健心：小学心理健康设计与实施》和中学版《以心育人：中学生心理健康教育指导与实践》两册教师和学生用书。全书内容详细，活动丰富，生动有趣，希望能够以此带动心理健康教师、班主任及对学生心理健康教育工作有兴趣的教师积极加入心理健康教育大家庭，以全面提升学生心理素质，促进新一代的心理健康素养。本书在编写的过程中得到了许多心理学同行的帮助和支持，其中肖铃负责总策划和板块主题课程设计和撰写，杨淑云参与了生活与社会适应板块的设计和撰写、刘斌负责生命教育板块的设计和撰写，龚育华负责生命教育板块的设计和撰写，李少敏负责人际交往板块的设计和撰写，张玉玲负责生活与社会适应板块的设计和撰写，陈三妹负责自我认识板块的设计和撰写，吕嘉瑜负责高效学习板块的设计和撰写，张力群负责情绪调适板块的设计和撰写。

本书在完成的过程中得到了乐昌市教育局和韶关学院教育科学学院的大力支持。特别感谢乐昌市教育局的信任，让我们有机会将理论应用于实际，把理念化为实践，为社会发展和儿童福祉做出努力和贡献。感谢粤北第三人民医院的肖铃为本书日日夜夜付出的汗水和努力，你的认真、努力和进步的思想为我们培养心理学人才进一步明确了方向。同时也感谢吉林大学出版社为本书顺利出版所付出的辛勤劳动！由于水平有限，书中难免会存在不足之处，恳请同行、专家批评指正，我们一定虚心接受，也欢迎广大读者与我们交流，谢谢！

廖素群

2023 年 10 月 17 日于广东韶关

目　录

“心理第一课”一年级其他主题课程…………………………………… 1
“我是小学生”一年级新生适应主题课程……………………………… 10
“你好新同学”一年级人际交往主题课程……………………………… 12
“我是谁”一年级认识自我主题课程…………………………………… 16
“小金鱼逃走了”一年级高效学习主题课程…………………………… 19
“情绪乐园”一年级情绪调适主题课程………………………………… 23
“你好，生命”一年级生命教育主题课程……………………………… 26
“新年新气象”一年级其他主题课程…………………………………… 30
“规则守护员”一年级生涯规划主题课程……………………………… 34
“我的兴趣果果树”一年级高效学习主题课程………………………… 38
“我真的很不错”一年级认识自我主题课程…………………………… 42
“多彩的情绪”一年级情绪主题课程…………………………………… 46
“打破常规的认识之我和你”一年级其他主题课程…………………… 49
“不做小拖拉”二年级学习适应主题课程……………………………… 52
“班级情绪脸谱”二年级认识班集体主题课程………………………… 55
“今天，从友爱开始”二年级人际交往主题课程……………………… 58
“我的优缺点”二年级认识自我主题课程……………………………… 61

“集中我的注意力”二年级高效学习主题课程…… 64
“做情绪的小主人”二年级情绪调适主题课程…… 68
“生命中的美好”二年级生命教育主题课程…… 71
“我的寒假计划”二年级其他主题课程…… 75
“一分钟的价值”二年级生涯规划主题课程…… 79
“时间宝瓶的秘密”二年级高效学习主题课程…… 84
“小小魔镜”二年级认识自我主题课程…… 87
“和情绪做朋友”二年级情绪主题课程…… 91
“人生剧本家”二年级其他主题课程…… 95
“好习惯伴我成长”三年级学习适应主题课程…… 99
“心情变形计”三年级情绪调适主题课程…… 102
“一起做老师的小帮手”三年级人际交往主题课程…… 105
“我的个性名片”三年级认识自我主题课程…… 108
“打败拖延小怪兽”三年级高效学习主题课程…… 111
“生气了怎么办？”三年级情绪调适主题课程…… 116
“生命的礼物”三年级生命教育主题课程…… 119
“回忆水晶球”三年级其他主题课程…… 122
“兴趣的作用”三年级生涯规划主题课程…… 125
“合理说‘不’”三年级人际交往主题课程…… 129
“情绪变变变”三年级情绪主题课程…… 133
“趣味七巧板”三年级高效学习主题课程…… 136
“陪生命度过漫长岁月”三年级其他主题课程…… 139
“我有时间安排小妙招”四年级学习适应主题课程…… 142
“寻找心中的宝藏”四年级认识自然主题课程…… 145

“当矛盾来临时”四年级人际交往主题课程…………………………… 147
“接纳我的不完美”四年级认识自我主题课程………………………… 150
“我的时间，我做主”四年级高效学习主题课程……………………… 154
“感受情绪能量”四年级情绪调适主题课程…………………………… 158
“体悟生命”四年级生命教育主题课程………………………………… 161
“成长地图”四年级其他主题课程……………………………………… 165
“战胜拖延小怪兽”四年级学习适应主题课程………………………… 167
“起点”四年级生涯规划主题课程……………………………………… 170
“外号粉碎机”四年级人际交往主题课程……………………………… 174
“快乐常相伴”四年级情绪主题课程…………………………………… 178
“做生活的小主人”四年级认识社区和社会主题课程………………… 181
“但是人生，复原成长”四年级其他主题课程………………………… 184
“奇思妙想我能行”五年级学习适应主题课程………………………… 188
“合作乐趣多”五年级竞争与合作主题课程…………………………… 191
“凯奇的包裹”五年级人际交往主题课程……………………………… 193
“独一无二的我”五年级认识自我主题课程…………………………… 196
“记忆有偏方”五年级高效学习主题课程……………………………… 199
“我的情绪我做主”五年级情绪调适主题课程………………………… 203
“当一片叶子落下”五年级生命教育主题课程………………………… 206
“技能点，加满”五年级其他主题课程………………………………… 211
“岛屿规划书”五年级生涯教育主题课程……………………………… 214
“有话好好听”五年级人际交往主题课程……………………………… 219
“点亮我的能量瓶”五年级挫折教育主题课程………………………… 224
“我的手掌印”五年级认识自我主题课程……………………………… 227

“从‘不可能’到‘不！可能’”五年级其他主题课程…………………… 232
“我的心灵压力尺”六年级学习适应主题课程…………………………… 236
“当青春来临时”六年级青春期教育主题课程…………………………… 239
“校园欺凌零容忍”六年级人际交往主题课程…………………………… 242
“悦纳自我”六年级认识自我主题课程…………………………………… 247
“探索学习的奥义”六年级高效学习主题课程…………………………… 250
“消极情绪的积极作用”六年级情绪调适主题课程……………………… 254
“我的生命电量”六年级生命教育主题课程……………………………… 257
“年度人物颁奖典礼”六年级其他主题课程……………………………… 260
“职业面面观”六年级生涯规划主题课程………………………………… 263
“大拇指的力量”六年级人际交往主题课程……………………………… 267
“向着目标直跑”六年级问题分析主题课程……………………………… 271
“给未来的自己”六年级认识自我主题课程……………………………… 274
“留下记忆，奔赴未来”六年级人际交往主题课程……………………… 278

“心理第一课”
一年级其他主题课程

一、学情分析

心理健康是指心理的各个方面及活动过程处于一种良好或正常的状态。心理健康教育是学生素质教育的重要组成部分，心理健康教育课是开展心育的重要途径。小学一年级学生刚刚进入小学，对小学生活既感到新鲜，又有些不习惯，接触心理健康教育课这一较为陌生的科目时，一堂轻松易懂的入门课程将会是一个良好的开始。

二、教学目标

1. 情感目标：从心理课堂氛围中体验到安全且受保护的空间和感觉，在心理健康教师授课过程中感受到关注和回应。

2. 认知目标：了解心理学、心理健康以及心理咨询等相关概念，对心理健康教育课有一个直观的体验和初步的认识。

3. 行为目标：培养心理学素养，并转化为综合素养。

三、教学思路

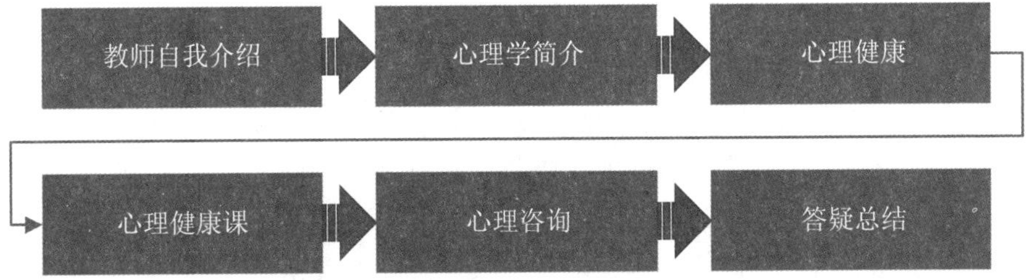

四、教学准备

教师自我介绍、《蛤蟆先生去看心理医生》故事。

五、教学过程

（一）教师自我介绍、课堂约定

师：与学生初次见面，可以提前制作一页有趣的自我介绍 PPT，对自己进行简单介绍，拉近与学生的距离；并强调真诚、尊重、保密等的课堂约定。

（二）课堂导入——有趣的心理学

师：询问学生对“心理学”的看法 / 联想到什么。

生：讨论并分享。

师：介绍心理学研究的三个基本方法（观察、测量、实验），展示错觉图片让学生感受：自己对世界的认知不一定是物理世界原本的反映，而是掺入了经验、意识、加工，仅仅通过观察，不足以客观认识世界。

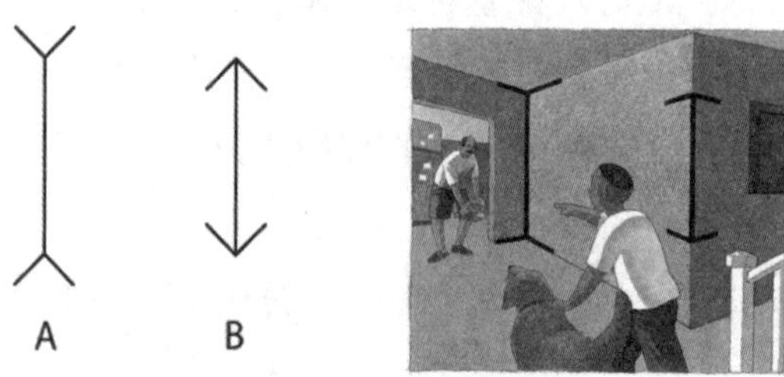

穆勒错觉等长线段

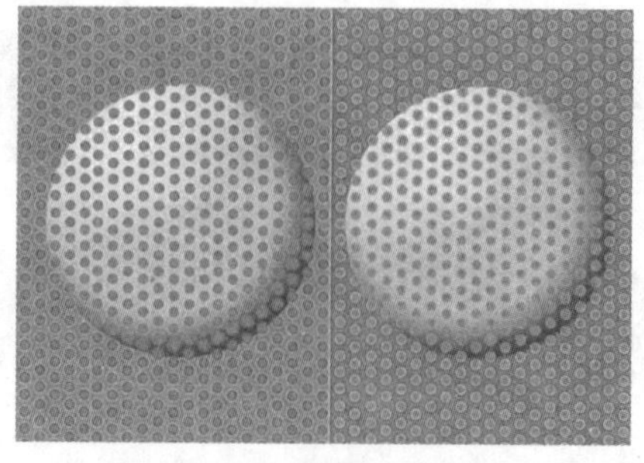

相同颜色小球

水彩效果

师：以“颜色”为例，解释颜色是个心理量，视网膜上三种锥体细胞产生不同程度的激活，变成神经电信号，通过视神经传入并激活大脑的对应皮层，从而使人产生了相应的颜色感觉。人类的感觉只能感知到世界的很小一部分，必须还要有测量和实验，用仪器测量弥补人类观察能力的不足，通过实验创造更便于观测的环境和条件。

巴甫洛夫与狗：条件反射实验

（三）心理健康

1. 心理健康表现

师：引导学生讨论“一个人有哪些心理健康的表现？”

生：讨论并分享。

师：总结学生回答并给出定义，针对不同的回答进行回应，对于不合理的回答进行温和引导。

2. 重视心理健康

师：介绍 5 月 25 日心理健康日、10 月 10 日世界精神卫生日，加强学生对心理健康的关注和重视，引导学生在感觉心理健康方面有困惑时要及时寻求帮助。

（四）心理健康课

师：引导学生讨论心理健康课的内容、设置、要求。

心理健康课内容——学习、生活、自我意识、情绪调适、人际交往和升学就业，教师在每一点后加上通俗易懂的例子帮助学生理解，如：

学习辅导：找到学习动力、养成良好学习习惯……

生活适应：适应新学校、认识新同学……

自我意识：我是谁？我有什么特征？……

情绪调适：调节情绪、保持积极心态……

人际交往：如何和朋友和谐相处？……

升学就业 / 生涯规划：我以后上什么学校？做什么工作？……

心理健康课设置——频率（每周一节 / 两周一节）、时长（ × × 分钟）、特点（互动、体验、参与）。

心理健康课要求——真诚、尊重、平等、保密。

（五）心理咨询

1. 蛤蟆先生去看心理医生

师：讲解故事梗概，重点列举主人公蛤蟆先生心理问题的表现、与咨询师的互动、身边朋友的看法三方面内容。

2. 讨论

师：与学生互动——

（1）蛤蟆先生为什么要去做心理咨询？

（2）心理咨询是怎么进行的？

（3）得知蛤蟆先生在做心理咨询的时候，他的朋友们有什么表现？

生：回应、分享。

师：依靠故事，帮助学生形成对心理咨询的正确认识（包括心理问题不等于精神病、心理咨询/心理辅导基本原则等），积极寻求心理咨询帮助，同时在他人有心理问题时鼓励他人寻求心理援助，并在得知他人进行心理咨询的时候做出正确恰当的回应。

提示：对于有配备心理健康教育场地的学校，教师可以增加对场地、学生心理辅导值班表、预约方式等内容的介绍。

（六）总结、答疑

师：根据实际情况对课堂进行总结，对学生疑惑进行解答。

六、教学建议

1. 心理学简介部分，任课教师可以根据自身情况选择不同资料、素材进行分享，如有趣的注意力实验等；心理健康定义部分可以以头脑风暴，或者其他形式的师生互动模式进行。

2. 本节课内容针对一年级学生，因其理解能力有限，所以素材选择、授课语言要根据学情进行调整，不需要做过深讲解，避免心理健康课学科化，核心观念是要让学生对心理学以及心理健康课、心理咨询有一个初步的认识和框架。

七、教学资源

1. 心理健康标准

（1）王登峰等根据各方面的研究结果，归纳后，提出了有关心理健康的几条指标：

①了解自我、悦纳自我。

一个心理健康的人能体验到自己的存在价值，既能了解自己，又能接受自己，具有自知之明，即对自己的能力、性格、情绪和优缺点能做出恰当、客观的评价，对自己不会提出苛刻的期望与要求，对自己的生活目标和理想也能定得切合实际，因而对自己总是满意的；同时，努力发展自身的潜能，即使对自己无法补救的缺陷，也能安然处之。一个心理不健康的人则缺乏自识之明，并且总是对自己不满意，会因为所定的目标和理想不切实际，主观和客观的距离相差太远而自责、自卑；总是要求自己十全十美，却因无法做得完美无缺而总和自己过不去，最终永远无法平衡自己的心理状态，也无法摆脱自己预感到的将会面临的心理危机。

②接受他人，善与人处。

心理健康的人乐于与人交往，不仅能接受自我，也能接受他人，悦纳他人，能认可别人存在的重要性作用并能为他人所理解，为他人和集体所接受，能与他人相互沟通和交往，人际关系协调和谐，在生活小集体中能快速融为一体，乐群性强，既能在与挚友间相聚之时共欢乐，也能在独处沉思之时而无孤独之感。在与人相处时，积极的态度（如同情、友善、信任、尊敬等）总是多于消极的态度（如猜疑、嫉妒、敌视等），因而在社会生活中具有较强的适应能力和较充足的安全感。一个心理不健康的人，往往自别于集体，与周围的环境和人群格格不入。

③热爱生活，乐于工作和学习。

心理健康的人珍惜和热爱生活，积极投身于生活，在生活中尽情享受人生的乐趣。他们在工作中尽可能地发挥自己的个性和聪明才智，并从工作的成果中获得满足和激励，把工作看作是乐趣而不是负担。其能把工作中积累的各种有用的信息、知识和技能贮存起来，便于随时提取使用，以解决可能遇到的新问题，能够克服各种困难，使自己的行为更有效率，工作更有成效。

④心理健康的人能够面对现实，接受现实，并能够主动地去适应现实，进一步地改造现实，而不是逃避现实。

心理健康的人对周围事物和环境能作出客观的认识和评价，并能与现实环境保持良好的接触，既有高于现实的理想，又不会沉湎于不切实际的幻想与奢望，对自己的能力有充分的信心，对生活、学习、工作中的各种困难和挑战都能妥善处理。心理不健康的人往往以幻想代替现实，不敢面对现实，没有足够的勇气去接受现实的挑战，总是抱怨自己“生不逢时”，又或责备社会环境对自己不公，怨天尤人，因而无法适应现实环境。

⑤能协调与控制情绪，心境良好。

心理健康的人其愉快、乐观、开朗、满意等积极情绪状态总是占据优势的，虽然也会有悲、忧、愁、怒等消极的情绪体验，但一般不会长久。他们能适当地表达和控制自己的情绪，喜不狂，忧不绝，胜不骄，败不馁，谦逊不卑，自尊自重，在社会交往中既不狂妄自大也不畏缩恐惧，对于无法得到的东西不过于贪求，争取在社会规范允许范围内满足自己的各种需求，对于自己能得到的一切感到满意，心情总是开朗的、乐观的。

⑥人格和谐完整。

心理健康的人其人格结构包括气质、能力、性格和理想、信念、动机、兴趣、人生观等各方面能平衡发展，人格在人的整体的精神面貌中能够完整、协调、和谐地表现出来。思考问题的方式是适中和合理的，待人接物能采取恰当灵活的态度，对外界刺激不会有偏颇的情绪和行为反应，能够与社会的步调合拍，也能与集体融为一体。

⑦智力正常。

智力正常是人正常生活最基本的心理条件，是心理健康的重要标准。智力是人的观察力、记忆力、想象力、思考力、操作能力的综合，一个人智力低下的话，也不能算心理健康。

⑧心理行为符合年龄特征。

在人的生命发展的不同年龄阶段，都有相对应的不同的心理行为表现，从而形成不同年龄独特的心理行为模式。心理健康的人应具有与同年龄段大多数人相符合的心理行为特征。如果一个人的心理行为经常严重偏离自己的年龄特征，一般就是心理不健康的表现。

（2）大学生心理健康表现。

授课教师可在此基础上结合小学生特征进行修改。

①有适度的安全感，有自尊心，对自我的成就有价值感。

②适度的自我批评，不过分夸耀自己也不过分苛责自己。

③在日常生活中，具有适度的主动性，不为环境所左右。

④理智，现实，客观，与现实有良好的接触，能容忍生活中挫折的打击，无过度的幻想。

⑤适度地接受个人的需要，并具有满足此种需要的能力。

⑥有自知之明，了解自己的动机和目的，能对自己的能力做客观的估计。

⑦能保持人格的完整与和谐，个人的价值观能适应社会的标准，对自己的工作能集中注意力。

⑧有切合实际的生活目标。

⑨具有从经验中学习的能力，能适应环境的需要改变自己。

⑩有良好的人际关系，有爱人的能力和被爱的能力。在不违背社会标准的前提下，能保持自己的个性，既不过分阿谀，也不过分寻求社会赞许，有个人独立的意见，有判断是非的标准。

2.5 月 25 日心理健康日

每年的 5 月 25 日的前身为“大学生心理健康日”，2004 年，团中央学校部、全国学联共同决定将 5 月 25 日定为全国大、中学生（包括中职学生）心理健康日，“5·25”的谐音即为“我爱我”，提醒大、中学生“珍惜生命，关爱自己”。

此节日的核心内容是：关爱自我，了解自我，接纳自己，关注自己的心理健康和心灵成长，提高自身心理素质，进而爱别人，爱社会。

3.10 月 10 日世界精神卫生日

10 月 10 日是世界精神卫生日，由世界精神卫生联盟提出。为了提高政府部门、社会各界、广大群众对精神卫生重要性和迫切性的认识，普及精神卫生知识和对精神发育障碍疾病的研究认识，计划 10 月 10 日前后在全国开展“世界精神卫生日”宣传活动，提高公众对精神发育障碍疾病的认识，分享科学有效的疾病知识，消除公众的偏见。

4.《蛤蟆先生去看心理医生》故事简介

鼹鼠第一次去看蛤蟆先生的蛤蟆庄园时的情景：“树篱枝叶无人修剪，

玫瑰花坛杂草丛生，草坪上也落满了黄叶，整一个蓬乱凋敝、无人打理的样子。”蛤蟆先生见到鼹鼠的那一刻，放声大哭。

蛤蟆先生一向爱笑爱闹，如今却一反常态的郁郁寡欢，他一个人躲在屋里，连起床梳洗的力气都没有。蛤蟆先生患上了抑郁症，朋友们非常担心他，建议他去做心理咨询。在10次心理咨询中，蛤蟆在咨询师苍鹭的带领下，勇敢地探索了自己的内心世界，也逐渐找回了信心与希望，最终心满意足地离开了心理诊所。

“我是小学生”
一年级新生适应主题课程

一、学情分析

《中小学心理健康教育指导纲》要指出，要帮助学生了解新环境、新集体和新的学习生活要求。一年级学生刚刚进入小学，对小学生活既新鲜，又有些不习惯，利用绘本《大卫上学去》，可以让孩子们了解上学时的状态，帮助孩子顺利完成从幼儿园到小学的过渡，尽快适应小学阶段的学习生活。

二、教学目标

1. 情感目标：体会小学生活带来的不同感受。
2. 认知目标：认识自己社会角色的变化，适应小学生身份。
3. 行为目标：尽快适应小学生活，融入班级集体中。

三、教学思路

游戏：反口令 → 《大卫上学去》绘本 → 遇到不可以怎么办

四、教学准备

《大卫上学去》绘本。

五、教学过程

（一）课堂导入

游戏：反口令

教师说一个口令，学生按照口令做相反的动作。（如：口令"起立"，做动作"蹲下"。）

升级版：教师说"可以"的时候同学做与口令一致的动作，说"不可以"时，做与口令相反的动作。

（二）绘本故事《大卫上学去》

播放绘本视频或讲解绘本故事。

提问：

1. 大卫到了小学之后都做了什么？

2. 为什么大卫总是听到"不可以"？

分享：你来学校之后，有听到过"不可以"吗？什么情况下听到的？这些"不可以"给你什么感受？你会有什么想法？你是怎么处理这些"不可以"的？

师总结：通过同学们的分享，我们感受到成为小学生后，每个同学或多或少都遇到过不适应和一些困难，那接下来就一起想办法去解决这些困难吧。

（三）绘本创编：遇到"不可以"怎么办

请同学表演大卫遇到不可以的情景，其余同学帮忙想办法告诉"大卫"接下来可以怎么做，再由"大卫"同学表演接下来的情景。

六、教学建议

绘本创编可以融入班级上的一些情景。

“你好新同学”
一年级人际交往主题课程

一、学情分析

人际交往指人与人之间在心理与行为上的互动，它反映了人与人之间在内心、情感方面的全部交往。人际交往水平体现人的心理适应水平，是心理健康的一个重要标志。一年级的学生刚刚从幼儿园生活转化到小学生活，需要重新去适应新的环境、新的同学，部分学生会存在适应不良的情况，不会用合适的方式与别人交朋友，被拒绝之后容易产生不良情绪。在开学之初帮助学生掌握良好的人际交往技巧有利于其日后的校园生活。

二、教学目标

1. 情感目标：体验到结交朋友的乐趣。

2. 认知目标：认识到结交新朋友需要合理的方式，学会欣赏和尊重每个人的不同之处。

3. 行为目标：掌握结交新朋友的技巧。

三、教学思路

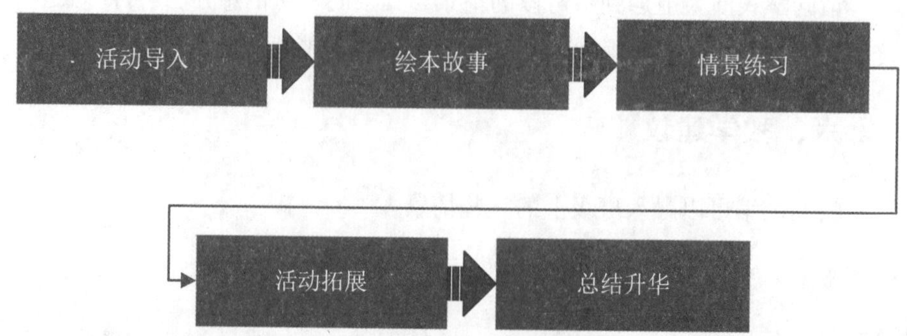

四、教学准备

《小猪佩奇》视频片段、皮球、音乐（欢快）。

五、教学过程

（一）活动导入——传皮球

规则：以小组为单位，伴随音乐依次传球，音乐声停时，球所在位置的学生起来自我介绍（老师事先示范自我介绍：我是……）。

（二）播放视频：《小猪佩奇》片段

视频概况：新同学艾米丽进入学校，在老师的引导下，大家都很喜欢艾米丽，艾米丽交到了很多新朋友，大家愉快地度过了一天。

师：艾米丽一开始来学校的时候很害羞，同学们做了什么让艾米丽能够很快放松下来？

生：思考、发言。

师：艾米丽为什么会收获朋友？

生：思考、发言。

小结：艾米丽之所以能和大家成为朋友，除了在前面的搭积木活动和老师的询问里得到了赞扬和尊重及同学们的主动邀请外，也离不开艾米丽的勇气，艾米丽在比叫声游戏当中鼓起勇气，因为叫声大得到了一群朋友。

（三）情景练习

小李在幼儿园有很多好朋友，到了一年级之后，身边都是以前不认识的同学，她觉得同班同学小张和她有很多共同爱好，于是想认识她，但却不知道该怎么做。

PPT 出示两幅图片后，师：“请大家看两幅图片，选择哪一幅图可以让小张更愿意和小李交朋友？”

图 1：小朋友低着头，眼睛不看着对方，脸上没有笑容，不说话，双

手叠在一起放在身体中间。

图 2：小朋友抬头挺胸，眼睛看着说话的人，面带微笑，向大家打招呼，同时很大方地把手放在身体两侧。

生：图片选择。

教师小结：我们在交朋友的时候要注意我们的身体姿势和面部表情，比如身体微微前倾，抬头挺胸，嘴角上扬，眼睛直视他人等。（老师用动作示范）

生：继续回答情景问题。

教师小结：除了给别人留下亲切友好的形象外，我们也可以主动去认识新同学。首先可以先向他人打招呼，大方地做自我介绍；另外，在其他同学有需要的时候在自己的能力范围内给予帮助，可以通过以下几句话来提问："你是否需要我的帮助""我可以做一些什么事情"。但是，如果别人需要的帮助是我们做不到的，也不要去勉强自己哦。在自己的能力范围内提供帮助，才能使我们开心和满足。

（四）活动拓展：听我说，我想认识你

规则：在欢快的背景音乐中随机传递皮球。音乐停时，皮球在哪位同学位置上（或者最靠近的位置），就由哪位同学找一个班里想认识的新同学打招呼并且做自我介绍（姓名、爱好、期待等），被选择的同学也要做出回应。（第一次由老师选择一名学生做示范，确保学生们了解规则后正式开始活动）

（五）总结升华

师：我们今天学习了一些交友小妙招，同学们一起说一说有哪些。

生：分享。

教师总结：

妙招一：积极主动第一步。

妙招二：微笑回应表友好。

妙招三：互相帮助促友谊。

六、教学建议

1. 由于一年级更倾向于直观的思维理解，为了避免活动当中有学生不了解活动规则，老师最好在讲完规则后示范一次，确保每一个学生都能理解活动规则，较好地参与到课堂当中。

2. 在活动过程中如果有学生不愿意向他人自我介绍（或者不知道找哪一位同学做自我介绍），应该尊重学生的意愿，并且在课后及时了解该学生的真实想法。

“我是谁”
——一年级认识自我主题课程

一、学情分析

认识自我是一个自我意识觉醒的过程，是对自己身心活动的觉察，即自己对自己的认识，具体包括认识自己的生理状况（如身高、体重、体态等）、心理特征（如兴趣、能力、气质、性格等）以及自己与他人的关系（如自己与周围人们相处的关系、自己在集体中的位置与作用等）。拥有良好的自我意识对自我发展和适应起着至关重要的作用。小学一年级刚入学的孩子最主要的还是停留在对自己生理状况的认识，因此通过本节课让学生形成对自己的初步认识至关重要。

二、教学目标

1. 情感目标：初步感受到认识自己的重要性。
2. 认知目标：了解到每个人都有不同外貌特征和兴趣爱好等。
3. 行为目标：通过照镜子、画自画像认识自己。

三、教学思路

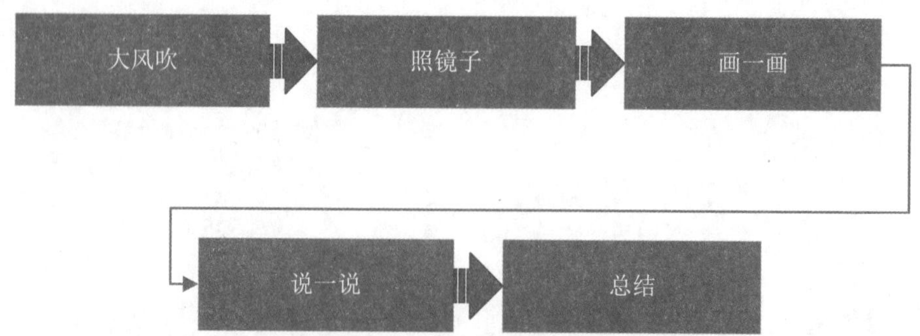

四、教学准备

A4 纸、水彩笔、镜子。

五、教学过程

（一）课堂导入

暖身活动：大风吹

游戏规则：教师说"大风吹"，学生说"吹什么？"教师说出带有某一特征的人，拥有这一特征的人立即起立并马上坐下。

例如：

师：大风吹。

生：吹什么？

师：吹______（男生、女生、长头发、喜欢打篮球的同学、喜欢吃汉堡的同学……）

教师：结合学生反馈和表现进行总结，避免过度评价，引入本节课的主题。

（二）主题活动 1：照镜子，看一看

师：同学们，今天老师给大家带来了一个神秘的礼物（镜子），谁想到讲台上来看看呢？

生：学生上台。

师：你看到了什么？

生：我看到了我自己。（眼睛、鼻子、长长的头发……）

师：是的，我们可以从镜子当中看到自己的外貌特征。我们有大大的眼睛、高高的鼻子，或者长长的头发，你们喜欢镜子中的你们吗？接下来，就让我们一起动手画一画吧。

（三）主题活动 2：画一画

学生在 A4 纸上画出"我眼中的自己"，同时为自己的作品签名并且

上色。

师：通过巡堂，引导学生画出外貌特征、兴趣爱好。

（四）主题活动3：说一说

要求：学生自愿上台介绍自己的作品。

师：鼓励学生大胆介绍自己的作品。

（五）总结

引导学生总结，每个人都有不同外貌特征和兴趣爱好，学会初步认识自己。

六、教学建议

一年级的孩子刚入学，在学生作画的时候可能会花掉比较多的时间，尽可能引导作画较慢的孩子画出自己最典型的特征。其次，学生在介绍作品的时候，对于一些较为胆小或者语言表达能力欠佳的孩子，可以鼓励其用句式“我是一个________的人”来介绍自己的作品。

七、教学资源

绘本故事《我不知道我是谁》。

“小金鱼逃走了”
一年级高效学习主题课程

一、学情分析

观察是人们认识世界的重要途径，是智力活动的基础，是完成学习任务的必备能力。观察力可以帮助孩子们留心身边的事情，丰富想象力。一年级的孩子有较强的求知欲，喜欢新鲜、有趣的事物，但普遍比较粗心，观察力较弱，注意力不持久。缺乏敏锐、细致的观察力则容易导致低年级学生在学习过程中粗心、犯错，即使面对简单的题目也很难拿到高分，最终导致学习自信心下降。本节课通过阅读绘本、游戏、闯关等活动任务，让学生学习观察事物的方法，培养学生的观察能力，提升学习的自信心。

二、教学目标

1. 情感目标：感受观察带来的乐趣，建立观察事物的兴趣。

2. 认知目标：愿意认真观察，培养自己的观察能力。

3. 行为目标：学会有顺序、多感官地进行观察，对比事物的形状、颜色，养成良好的观察习惯。

三、教学思路

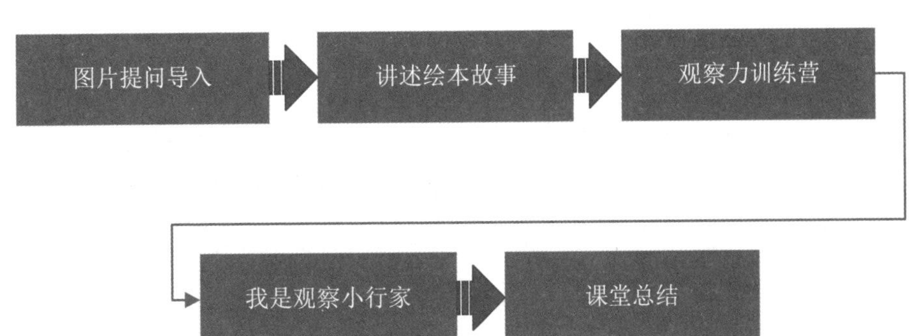

四、教学准备

《小金鱼逃走了》封面四幅找碴图片，五段动物叫声音频，三个分别装有酒、糖水、盐水的水瓶。

五、教学过程

（一）图片提问导入

师：出示绘本封面，提问学生封面上有哪些东西，并引导学生说出小金鱼的特征。

师：总结小金鱼的特点（粉色的衣服、圆圆的身体、小小的尾巴、黑黑的眼珠、白色的眼眶、张着嘴巴吐泡泡等），引入“小金鱼逃走了——观察力”的培养主题。

（二）讲述绘本故事

师：完整讲述小金鱼的故事，并根据绘本内容进行提问：

1. 小金鱼很想念以前的朋友，很想回到从前的地方，于是小金鱼怎么了？
2. 小金鱼在和我们玩捉迷藏，小金鱼藏在哪里了？
3. 小金鱼又躲到哪里去了？你是怎么找到它的？

（板书：观察要有顺序）

4. 同学们仔细观察，小金鱼又躲到哪里去了？

（板书：观察要对比形状）

5. 小金鱼又逃走了，它现在在哪里？
6. 小金鱼会藏到哪里呢？你是怎么发现的？

（板书：观察要对比颜色）

7. 小金鱼又逃走了，它现在藏在哪里？它最后会怎样？
8. 我们可以用哪个观察方法来找到小金鱼？

师：结合学生的分享及表现总结观察的方法：有顺序、对比形状、对比颜色。

（三）观察力训练营

游戏一：大家一起找不同

规则：找出两幅图片的五处不同，看谁找得又快又准。（游戏一共四轮）

游戏二：听音辨物

规则：听一听这是什么动物发出的声音。（展示动物的阴影图进行提示）

游戏三：神奇的液体

师：拿出准备好的三个装有液体的瓶子，提问学生说出里面装的是什么。引导学生这些都是安全的，让学生大胆尝试，最终学生能通过用鼻子闻、用嘴尝等多感官的方式区分瓶子里面分别放了白醋、糖水、盐水。

分享：只用眼睛来看，你能知道三个瓶子里装的是什么吗？最后你是通过什么方式来分辨的？

师：结合学生表现和回答进行总结：观察物体有时候只靠眼睛不行，还需要耳朵、鼻子、嘴巴来帮忙。（板书：观察要多感官）

（四）我是观察小行家

规则：在不使用纸笔的情况下，用四十秒的时间仔细观察一幅图片，并记下图里包含的细节和内容，接着根据自己所观察到的结果回答老师提出的几个问题。

教师提问：

1. 图中有哪几种动物？

2. 船头挂着什么东西？

3. 小女孩的手里拿着什么东西？

4. 小男孩的手里拿着什么？

课堂总结：结合学生的表现进行小结，最后总结回顾本课的知识点，引导学生学会用观察的方法来解决学习和生活中遇到的各种困难。

六、教学建议

本课讲述了生动有趣的绘本《小金鱼逃走了》，并且设计了多个游戏环节，让学生可以在游戏中锻炼、提升自己的观察力。但本课在设计和实施过程中仍有许多不足之处，学生对绘本的内容非常感兴趣，能积极回答老师提出的问题，但课堂纪律方面表现较差。教师可安排适当的小组比赛活动，既可以很好地管控课堂，也可以调动学生的积极性。在最后“我是观察小行家”环节，只有少部分同学可以参与体验，如果时间充足的话，可以安排每位同学都进行一次区分。

七、教学资源

观察力有多么重要？

牛顿从小就喜欢仔细观察身边的事物。他 10 岁时，有一次去果园里玩，成熟的苹果不时地从树上落下来。别的孩子都捡起苹果，直接享受美味，可是牛顿却对刚刚砸在自己头上的那个苹果进行了仔细观察，并思考起来。牛顿想：苹果为什么不向上跑而向下落呢？他问他的妈妈，他妈妈也不能解释。科学家都保留一颗童心，牛顿也不例外，当他长大成了物理学家后，他联想到了少年时“苹果落地”的事情，猜测可能是地球上的某种力量吸引了苹果掉下来。于是，牛顿发现了万有引力。

参考资料：

1. 金锄头网站：小学心理健康学习心理《章鱼小香肠双胞胎——观察力培养》教学设计。

2. 宝宝地带网站：宝宝观察力训练——观察力有多么重要。

“情绪乐园”
一年级情绪调适主题课程

一、学情分析

情绪是人们对客观事物是否符合自己的需要所产生的主观态度、内心体验及外在表现。情绪是主观意识经验，人的情绪是一种心理现象。情绪分为积极情绪和消极情绪两大类，积极情绪对身体有益，消极情绪会影响身心健康。小学低年级主要帮助学生初步感受学习知识的乐趣，培养学生礼貌友好的交往品质，乐于与老师、同学交往，在谦让、友善的交往中感受友情。

二、教学目标

1. 情感目标：让学生认识基本情绪。
2. 认知目标：了解自己是有多种情绪的。
3. 行为目标：学会与同学、老师友好相处，感受到交往的快乐。

三、教学思路

四、教学准备

1. 教师准备：喜怒哀惧表情图纸。
2. 学生准备：彩笔。

五、教学过程

（一）课堂导入：认识情绪

依次播放喜、怒、哀、惧表情包。

师：这个表情包是什么样的表情？这个表情包代表开心还是不开心？你能做出这个情绪的表情吗？

学生回答并做表情。

教师小结：喜怒哀惧是四种基本情绪，情绪是人的一种心理现象，会影响我们的学习和生活，了解情绪对我们每一个人都很重要，今天我们就来认识一下情绪。

（二）情景演练：体验情绪

师：接下来我们来看看小明的故事，感受一下他的情绪。故事体现出喜怒哀惧的事情，然后让学生回答，如果你是小明，你会产生怎样的情绪？

学生回答。

师：请同学们分享自己喜、怒、哀、惧的故事，每个同学分享一种情绪，可以多让几个同学分享。

学生分享。

教师小结：我们一天中会产生多种情绪，各种情绪伴随我们的生活。

（三）活动：给“情绪”涂颜色

请同学们把手上的四种表情（喜怒哀惧）涂上颜色，一边涂色一边思考，你什么时候会产生其中的一种情绪呢？涂好颜色后上台分享。

学生涂色并分享。

教师小结：刚才涂色的过程中，同学们都给这四种表情涂上了各种颜色。情绪没有好坏之分，不管是开心还是不开心的情绪，都是我们最真实的感受。

六、教学建议

一年级的学生认知水平较低，教师尽量用生动形象的表情和图片展示，让学生更好地理解并接受。

“你好，生命”
一年级生命教育主题课程

一、学情分析

生命教育是关于生命的教育，目的在于引导学生认识生命，进而做到珍惜生命，尊重生命，热爱生命。对于一年级的学生而言，“我从哪里来？”这个问题会是他们在生命教育初始阶段必然思考的问题，带领他们探索生命起源，给予学生科学解答，引导和传授相关知识则显得尤为重要。与此同时，帮助他们了解生命的意义和价值，让他们懂得珍惜自己的生命，懂得感恩父母，也是生命教育中至关重要的内容。

二、教学目标

1. 情感目标：感知生命的来之不易，生命的可贵。
2. 认知目标：了解生命的起源，懂得生命的珍贵。
3. 行为目标：学会感恩父母，懂得尊重生命。

三、教学思路

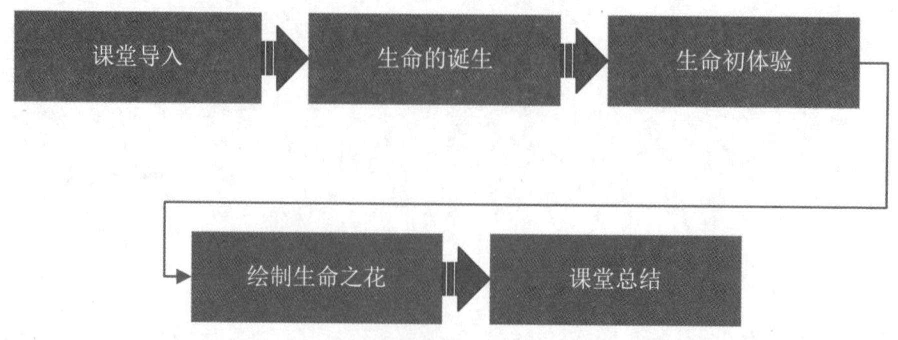

四、教学准备

《胎儿形成的过程》视频、学习单。

五、教学过程

（一）课堂导入

师：通过提问"我从哪里来？"导入主题——生命的诞生。

（二）生命的诞生

师：播放《胎儿形成的过程》科普动画。提醒学生认真观看，并尝试记忆生命是如何诞生的。

生：认真观看视频。

师：通过提问"一个小生命的诞生容易吗？"引导学生感受生命是来之不易的，要珍惜生命。

（三）生命初体验

师：通过活动"生命初体验"，让学生体验妈妈怀宝宝的感觉。在课件上展示胎儿体重月份对照表，让学生有直观的感觉。

月份	体重	参照物
一个月	胎儿仅有 5 毫米，非常轻	
两个月	仅仅有 2 克	半张 A4 纸
三个月	14 ~ 28 克	3 ~ 7 张 A4 纸
四个月	170 ~ 198 克	半本数学书
五个月	450 克	一本数学书和一个文具盒
六个月	800 ~ 900 克	三本数学书
七个月	1100 ~ 1600 克	四到五本数学书
八个月	1800 ~ 2700 克	六到九本数学书
九个月	3100 ~ 3400 克	十到十一本数学书
十个月	3000 克左右	十本数学书

活动指导语：我们看到，曾经的我们在妈妈的肚子里，也是按照这样

的重量慢慢长大的。现在的我们已来到这世界，并且在慢慢长大。你们是否想感受一下妈妈曾经的不易呢？

请同学们将书包背在胸前，我们从第六个月开始感受。书包里装上相应数量的书本，这时候你就是一位怀胎六个月的“妈妈”了。你的书包里怀着一位非常可爱的小宝贝，所以我们的一举一动都要非常小心。接下来，请我们的各位“妈妈”，跟着老师做几个日常的动作：低头看脚尖，弯腰捡东西，系鞋带，抬脚上台阶。请问同学们，这几个动作能做到吗？如果能，我们将继续。这时候，我们的小宝贝逐渐长大，到七个月了，请同学们往书包里继续加入课本，再次重复这几个动作。这时候的你，能做到吗？如果能，我们又将继续。这时候，我们的小宝贝到了八个月了，请同学们继续加入课本，再次重复以上几个动作。这时候的你，觉得这些动作难吗？离宝宝出生还有两个月，我们继续坚持。

生：按照教师的指令，体验感受妈妈怀胎十月的过程。活动结束后，分享活动中的体验与感受。

师：通过这个活动，引导学生感受到生命诞生的不易，告诉学生应该学会感激母亲，感谢她的辛苦孕育。

（四）绘制生命之花

活动指导语：其实我们的生命最开始就像一颗小小的种子，经过妈妈的细心呵护，十个月后破土而出。在家人的照料下，这个种子慢慢长大，甚至还会开出灿烂的花朵。请同学们闭上眼睛想象一下，这个小种子在阳光的照耀下，在家人们的悉心照料下，慢慢长大，并开出了一朵生命之花。你觉得这朵花会是什么颜色的呢？不一定只是一种颜色，这朵生命之花可能有好几种颜色。我们用心认真地看一看，属于我们自己的生命之花到底是什么颜色的？接下来，把时间交给同学们，把你感受到的生命之花的颜色，涂在我们的学习单上。你认为你的生命之花应该有哪些颜色，你就涂上哪些颜色。

生：按照教师指导语进行冥想，并对学习单上的生命之花进行涂色。

师：这是属于我们的独特的生命之花，请同学们好好保存，愿我们往后如同这朵生命之花一般绚丽灿烂。

（五）课堂小结

生命的诞生是如此不易，因此更显得生命的珍贵。希望同学们在往后不仅要学会珍爱生命，更应该感恩家人。

六、教学建议

1. 注重感受体验

对于低年级的学生，在授课的过程中主要强调感受体验。尽可能通过活动、视频、图片等直观的手段，让他们感知世界，感受生命。

2. 环节设置简单直接

低年段的学生词汇量较匮乏，因此我们的设问要简单直接，给出的回答尽可能以填空或词语的形式出现，便于学生的回答。

“新年新气象”
一年级其他主题课程

一、学情分析

春节是中华民族最隆重的传统佳节，春节的起源蕴含着深邃的文化内涵，在传承发展中承载了丰厚的历史文化底蕴。小学一年级学生第一学期临近结束，一堂生动有趣、结合时事的总结课不仅能帮助他们总结本学期所学知识，同时能感受辞旧迎新的仪式感。

二、教学目标

1. 情感目标：体验到节日仪式感，梳理总结经验带来的获得感。
2. 认知目标：了解春节及其文化内涵，认识总结经验的作用。
3. 行为目标：初步培养总结、反思意识，将阶段性总结应用到生活中。

三、教学思路

四、教学准备

要求学生自备一张便签纸、一个红包。

五、教学过程

（一）课堂导入——年兽的故事

1.《元日》导读

师：邀请学生齐读古诗，猜是什么节日（春节）。

生：讨论、回答。

2. 春节的由来

师：简单讲解故事，询问学生春节的由来、风俗。

生：讨论并分享。

师：总结学生的回答，简述"年兽的故事"，将日常生活中可能遇到的心理问题比作年兽，引出下一环节。

（二）心理知识爆竹大串联

师：引导学生回顾过去一学期所学的心理知识。

生：分组进行讨论、回答。

提示：本环节教师可以将课件中知识大纲做成爆竹形状，帮助学生梳理；对于学生没有想到的知识点，可以列举简单例子帮助回忆。

（三）年兽的考验

师：结合本学期开展的心理健康教育课及所授知识，设置 5 ~ 8 道问答题目，每道题回答正确后可以点击一次爆竹，驱退年兽。

（四）新年祝福

师：结合导入，告诉春节习俗除了有驱退年兽，还有送红包。组织学生两两一组，在便签纸上写下祝福，放入红包中，郑重送给对方，相互给对方一个"压岁"祝福。

六、教学建议

1. 教师在准备课件的时候可以将课件做成春节风格，尤其是"年兽的考验"环节，可以多运用爆竹素材，营造答对问题就能燃放爆竹赶跑年兽的效果。

2. "新年祝福"环节注意引导学生写积极正面的话语，对此环节有困难的学生可以提供简单提示，如对健康、学业、愿望等方面进行祝福。

七、教学资源

1.《元日》北宋 · 王安石

爆竹声中一岁除，春风送暖入屠苏。

千门万户曈曈日，总把新桃换旧符。

注释：在阵阵鞭炮声中送走旧岁，迎来新年。人们迎着和煦的春风，开怀畅饮屠苏酒，旭日的光辉普照千家万户。“桃符”是一种绘有神像、挂在门上避邪的桃木板。每年元旦取下旧桃符，换上新桃符。“新桃换旧符”与首句爆竹送旧岁紧密呼应，形象地表现了万象更新的景象。本诗通过对新年新气象的描写，抒写作者执政变法、除旧布新、强国富民的抱负和乐观自信的情绪。全诗文笔轻快，色调明朗，眼前景与心中情水乳交融，是一首融情入景、寓意深刻的好诗。

2. 年兽的故事

相传，中国古时候有一种叫“年”的怪兽，头长触角，尖牙利齿；目露凶光，凶猛异常。“年”长年深居海底，每到除夕才爬上岸，吞食牲畜伤害人命。因此，每到除夕这天，村村寨寨的人们扶老携幼逃往深山，以躲避“年”兽的伤害。

这年除夕，桃花村的人们正扶老携幼上山避难，从村外来了个乞讨的老人，只见他手拄拐杖，臂搭袋囊，银须飘逸，目若朗星。乡亲们有的封窗锁门，有的收拾行装，有的牵牛赶羊，到处人喊马嘶，一片匆忙恐慌的景象。这时，谁还有心关照这位乞讨的老人。只有村东头一位老婆婆给了老人些食物，并劝他快上山躲避“年”兽，那老人捋髯笑道：“婆婆若让我在家待一夜，我一定把‘年’兽撵走。”老婆婆惊目细看，见他鹤发童颜，精神矍铄，气宇不凡。可她仍然继续劝说，乞讨老人笑而不语。婆婆无奈，只好撇下家，上山避难去了。

半夜时分，“年”兽闯进村。它发现村里气氛与往年不同：村东头老婆婆家，门贴大红纸，屋内烛火通明。“年”兽浑身一抖，怪叫了一声，朝婆婆家怒视片刻，随即狂叫着扑过去。将近门口时，院内突然传来“砰砰啪啪”的炸响声，“年”浑身战栗，再不敢往前凑了。原来，“年”最怕红色、火光和炸响。这时，婆婆的家门大开，只见院内一位身披红袍的老人在哈哈大笑。“年”大惊失色，狼狈逃窜了。

第二天是正月初一，避难回来的人们见村里安然无恙，十分惊奇。这时，老婆婆才恍然大悟，赶忙向乡亲们述说了乞讨老人的许诺。乡亲们一齐拥向老婆婆家，只见婆婆家门上贴着红纸，院里一堆未燃尽的竹子仍在“啪啪”炸响，屋内几根红蜡烛还发着余光……欣喜若狂的乡亲们为庆贺吉祥的来临，纷纷换新衣戴新帽，到亲友家道喜问好。这件事很快在周围村里传开了，人们都知道了驱赶“年”兽的办法。

从此每年除夕，家家贴红对联，燃放爆竹；户户烛火通明，守更待岁；初一一大早，还要走亲串友道喜问好。这风俗就越传越广，成了中国民间最隆重的传统节日。

（引自呼和浩特新闻网，http：//m.hmcc.hhhtnews.com/p/229419.html）

“规则守护员”
一年级生涯规划主题课程

一、学情分析

1. 处于低年级段的小学生规则意识薄弱，非常需要老师给予积极、正面的引导。如果在小学阶段没能塑造良好的规则意识和行为，升入高年段往往容易出现很多问题行为，所以从小培养小学生的规则意识对小学生的健康成长就尤为重要。

2.《中小学心理健康教育指导纲要》中并于小学低年级的具体教育内容中提到，要帮助小学低年级学生认识班级、学校、日常生活学习的基本规则。

二、教学目标

1. 情感目标：通过规则小法官和规则正反面训练，学生能积极认同人们的生活离不开规则。

2. 认知目标：通过找规则学生能认识规则的普遍性，初步树立规则意识。

3. 行为目标：通过规则训练学生可以基本掌握遵守规则的方法与行为，将“小学生日常行为规范”等规则内化。

三、教学思路

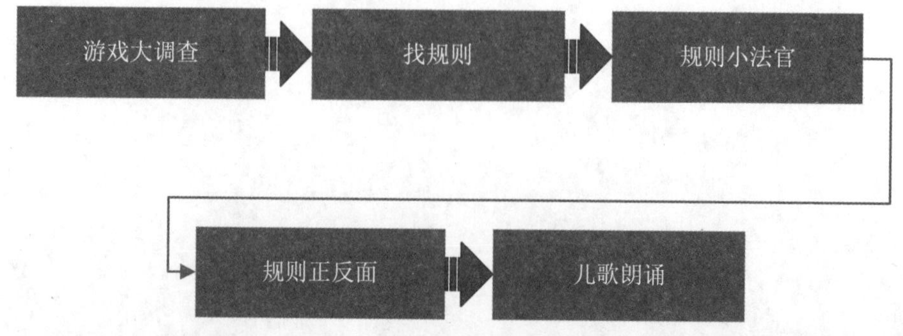

四、教学准备

PPT、儿歌。

五、教学过程

（一）课堂导入：游戏大调查

1. 问题导入

师：同学们都玩过石头剪刀布的游戏吗？能和大家分享一下吗？

生：自由分享。

师：石头剪刀布规则讲解。

2. 过渡引入：这就是石头剪刀布的游戏玩法，这个游戏玩法还有另外一个名字，叫作“游戏规则”。游戏我们都知道，那规则是什么呢？

概念澄清：“规则”是指规定出来供大家一起共同遵守的制度。

3. 树立规则意识

活动一：找规则

（1）过渡承接：规则这个小机灵鬼啊，常常出现在我们身边，不仅同学们刚刚说的游戏中有它的身影，我们学习生活中也少不了它。不信，我们一起就来找找它。

（2）规则具象化：过马路的时候；购物结账的时候；考试的时候；在图书馆的时候……

（3）引导分享

生：自由分享生活中的规则。

小结：通过寻找规则的活动，我们可以找到这么多的规则，可见规则真的是无处不在啊！

活动二：规则小法官

（1）过渡引入：规则不仅需要用眼睛去发现，更需要用行动去守护。然而守护者有做得好的，也有做得不好的，老师邀请大家当一当小法官，判断图片中的守护员做得好不好。

（2）讲解规则：老师给大家发了红绿卡牌，把绿色的一面朝向老师代表守护员做得好，把红色的一面朝向老师代表守护员做得不好。

（3）课件呈现："过马路""排队""上课""爱护环境"等。

注意提示：大家想一想这幅图里这里面的人物做的好不好？赞成好的举绿牌，不好的举红牌。

（4）引导分享：你举得什么牌？为什么举红/绿牌？

小结：通过规则小法官的判断活动，我们看到了大家对遵守和不遵守规则的态度。

活动三：规则正反面

（1）过渡引入：刚刚我们在做游戏，红牌代表什么还记得吗？对，没有当好守护者，也就是没有遵守规则被我们举了红牌。除此之外，守规则和不守规则，往往还可以产生截然不同的后果。

（2）课件呈现：不遵守规则的3个案例，让学生进行讨论。

案例1：举手发言规则

案例2：写作业规则

案例3：上下楼梯规则

小结：遵守规则会让我们生活更加有序、便捷，而不遵守则会导致我们的生活一团糟，所以我们一定要做好规则的守护者。

（二）强化规则意识：儿歌朗诵

师：最后老师想把这样一首儿歌送给大家，找个小朋友带大家齐声朗读！

结语：今天我们在课上学习了规则，希望课下大家也要做到遵守规则，做一名优秀的规则守护员！

六、教学建议

一年级学生在引导方面需要解释得清晰透彻一些，所以可以附上丰富的图片以作提醒，或者在学生自由思考、讨论之前可以举几个例子，帮助学生发散思维。

参考资料：

网页：规则守护员 - 心理健康 - 深圳教育云资源平台（szedu.cn）

“我的兴趣果果树”
一年级高效学习主题课程

一、学情分析

进入小学后，儿童每天大部分时间都是在学校度过，学习成为他们的主导活动，学习形式也发生了转变，从做游戏、做手工、唱歌跳舞转变为上课、做作业等。面对学习形式、内容等的转变，有些儿童没办法很好地适应学校生活，对自己的学习也缺乏兴趣，甚至出现学习困难的问题。教师要充分利用学生原有的学习经验以及通过游戏、表演等符合低年级学生年龄特征的方式，帮助学生自信地学习，开心地学习，轻松地学习。

二、教学目标

1. 情感目标：通过游戏的方式体验学习的乐趣，激发学习兴趣。
2. 认知目标：了解自身的兴趣，明白兴趣的重要性。
3. 行为目标：利用自身的优势去培养学习兴趣。

三、教学思路

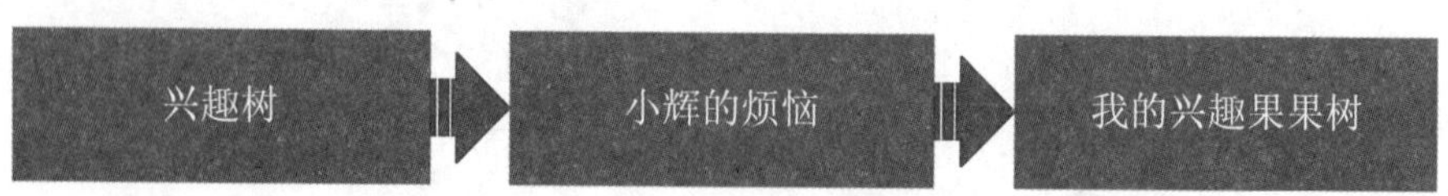

四、教学准备

PPT、学案纸、板书大树。

五、教学过程

（一）兴趣树

师：这是一棵神奇的树——兴趣树。同学们你觉得他是一棵怎么样的树？

生：思考、回答。

师：这是一棵会结兴趣果的树，当你说出一个你的兴趣，并分享了这个兴趣后，你变得怎么样，兴趣树就会结出一个怎样的兴趣果。不信？你来试试！

生：学生回答。

师：板书，提炼关键词。

师：兴趣树上硕果累累。请你观察一下，你发现了什么？

生：观察、回答。

教师小结：当我们对一件事情有了兴趣，我们会去了解、学习、掌握它，慢慢的变成一种能力。那兴趣对我们来说，可真是太重要了！

（二）小辉的烦恼

师：有一位小朋友遇到了一个烦恼，我们一起来看看吧！

小辉可喜欢上幼儿园了，每次在幼儿园玩游戏的时候都可以取得前三名，班上的同学都叫他“游戏达人”。但是上了小学后，却对拼音、认字一点兴趣都没有，数学掰手指头勉强可以算出10以内加减法。“游戏达人”在语文、数学的“双重打击”下，渐渐失去信心，讨厌上语文、数学课，他无比地怀念以前幼儿园的生活。

师：针对小辉的情况，同学们可以帮他出出主意吗？

生：思考、回答。

师：我们可以用“玩游戏”的方式，帮助小辉重拾学习的信心，激发他对学习的兴趣，我们一起体验一下吧！

第一关：拼音宝宝找家

第二关：动作达人秀

第二关：送小红帽回家

教师小结：学习语文、数学是不是变得有趣起来了呢？用我们感兴趣的方式去学习，让学习变得有趣起来，让我们的兴趣树结满兴趣果。

（三）我的兴趣果果树

师：同学们，请在学案纸上种上属于你自己的兴趣树吧，在树干上写上你的名字，在树的枝干上结出你的兴趣果，果实越大，代表你对这个兴趣越大。

生：完成绘画，并分享。

六、教学建议

无

七、教学资源

游戏关卡规则：

1. 第一关：拼音宝宝找家

游戏规则参考：https：//www.ixigua.com/6864466863288484365

2. 第二关：动作达人秀

游戏规则：全班起立，用幻灯片呈现写有动作的字，如笑、跳、拍手等，同学们根据幻灯片内容做动作，做错的同学坐下。

3. 第三关：小红帽找家（数字棋盘游戏）

10
-5
-2
+5
-2
+3
-4
+2
-1
+3
-5

“我真的很不错”
一年级认识自我主题课程

一、学情分析

一年级的学生自我概念尚不完善，随着其“重要他人”这一角色由家长向老师过渡，学生更加关注老师对自己的评价。每一位学生都希望被认可、被尊重以及被关注，因此，学生在学校的表现往往比在家中更为积极也更为主动。

与此同时，对于一年级的学生来说，外部评价是他们形成自我概念的重要途径，老师的评价还有同伴们的认可对于他们来说都非常重要，也更容易被内化为学生自己的内部评价。因此，给予一年级学生积极、客观的评价，对其形成良好的自我评价和性格都有着重要意义。

二、教学目标

1. 情感目标：通过活动体验，帮助学生建立自信。

2. 认知目标：互相发现同伴间的优点，促进对自我的认知和评价。

3. 行为目标：引导学生多角度发现自我的优点，建立信心，并不断地完善自我。

三、教学思路

四、教学准备

PPT、学习单。

五、教学过程

（一）课堂导入

师：播放视频《我真的很不错》。

生：观看视频。

提问：同学们，你觉得自己是否真的很不错呢？我们都是好孩子吗？怎样才算是好孩子呢？

生：发表自己的想法。

师：引导学生思考，并明白我们每个人都有自己的优点，都可以成为好孩子。

（二）你真的很不错

活动规则：随机抽出一位同学，其他同学以开火车的形式说出该位同学的优点（因课堂时间有限，建议开火车不超过5人）。赞美结束后，该同学要向赞美他的同学表达感谢。

活动分享：

1. 你记住了同学们说出的你的优点有哪些吗？

2. 有没有哪些优点是你自己没想到的呢？

3. 听到同学的赞美你有什么感受？

生：参与活动，并分享感受。

师：小结活动。让同学们认识每个人都有自己的优点，我们要有一双发现他人闪光点的慧眼。同时还要引导学生，优点不要局限于学习方面，还可以是生活方面的，例如帮助他人，懂礼貌，讲文明，热爱劳动等等。

（三）我真的很不错

活动规则：请学生在学习单上绘制自己的“棒棒花”。“棒棒花”上有九个花瓣，让学生在每一个花瓣上分别写上自己的一个优点，写不出的同学可以询问其他同学自己有哪些优点，教师可在 PPT 上展示众多词汇供学生参考，例如诚实、热爱集体、遵守纪律、热爱劳动、懂礼貌、乐于助人、热爱学习、有爱心、认真细致等。

书写完毕后，请学生为自己的“棒棒花”涂上颜色。

要是有同学觉得九个花瓣不够写，可自己添加花瓣，继续书写。

完成绘制后，每位同学都需在小组内分享自己的“棒棒花”，分享时需要用到以下固定句式：“我真的很不错，因为我有……的优点”。

师：帮助学生完成“棒棒花”的绘制。

生：按要求完成活动，并分享感受。

师：在学生分享的过程中注意引导，尤其是信心不足的学生，可以借机鼓励他，帮助他建立自信。

（四）课堂小结

师：小结本节课。希望通过这两个活动，让学生充分认识到自己的优点，形成正向的积极的自我评价。同时可让学生在课后，邀请家长和老师帮助发现自己的优点，增加“棒棒花”的花瓣。

六、教学建议

1. 多关注自信不足的学生

本课旨在帮助学生发现自己的优点，形成积极的正向的自我评价，建立自信。因此，我们应该多关注自信不足或行动较为退缩的同学，帮助他们增强自信。

2. PPT 展示充足的词汇

对于一年级的学生来说，词汇量不够丰富，且会写的字较少，教师应在 PPT 中展示充分的词汇供学生参考。学生不会写的字，可以写拼音。

七、教学资源

1. 视频资源《我真的很不错》。

2. 学习单

“多彩的情绪”
一年级情绪主题课程

一、学情分析

一年级学生的情绪具有外显性、丰富性、不稳定性，正在从冲动易变向平衡稳定发展，情绪管理能力弱。此外，一年级的学生初步形成了自我情绪的觉察能力，但是辨别他人情绪的能力水平较低，因此需开设专门的课程来进行情绪教育。

二、教学目标

情感目标：关注情绪感受，愿意用绘画真实、大胆地表达自己的感受。

认知目标：了解情绪的类型及表现形式。

行为目标：能够分辨喜怒哀惧四种情绪并用不同的词语描述情绪，增强情绪辨别意识。

三、教学思路

四、教学准备

PPT、彩色笔。

五、教学过程

（一）课堂导入：我能说出情绪

依次出示卡通人物图片，请同学们猜猜每个卡通人物有什么情绪。

师：之前我们学过人的基本情绪有喜、怒、哀、惧四种。现在请各位情绪词汇小达人们开动脑筋，找找还有哪些词语可以用来表示这四种基本情绪。

生：分享。

师：今天我们就一起走进丰富多彩的情绪世界。

（二）我能演出情绪

请 4 位同学各抽一张情景卡片并表演，台下的同学来猜他们演的是什么情绪。

情景 1：小明第一天上学，背着书包蹦蹦跳跳走进课室——喜。

情景 2：妈妈给你买了个新的水杯，桐桐走过不小心碰到了，还没有道歉——怒。

情景 3：晓晓养了几年的猫猫因为生病连续几天都吃不下饭——哀。

情景 4：上课时，老师突然让你上讲台做一道你不会的题目——惧。

师：你们是怎么猜出正确的情绪的？

生：回答。

师：不同的情绪有不同的表现。我们细心观察别人的表情，倾听他们的声音，就能更好地知道别人有什么情绪。

（三）我能画出情绪

师：我们拥有各种各样的情绪，最近几天你感受到什么样的情绪呢？我们一起想象一下自己的情绪有什么样的颜色和形状。举个例子，老师感觉快乐是彩虹的形状，生气就像一个要爆炸的小火球，难过就像在下暴雨。现在请同学们拿出彩色笔，发挥想象，把你心中的情绪画出来吧。

生：作画。

师：画画可以帮助我们表达情绪。我们平时也应该多留意自己和身边人的情绪，发现情绪世界中更多的精彩。

六、教学建议

在画情绪的时候，应该营造温馨开放的氛围，鼓励学生作画，提醒学生不用太在意画得好看与否，只要自己觉得能表达出真实的感受就好。

七、教学资源

绘本故事《我的情绪小怪兽》。

“打破常规的认识之我和你”
一年级其他主题课程

一、学情分析

《中小学生心理健康教育指导纲要》指出，“帮助学生适应新环境、新集体和新的学习生活，乐于与老师、同学交往”是小学低年级心理健康教育的重要内容之一。一年级的学生刚刚进入小学，面对新环境、新老师感觉新鲜，但又难以适应，好奇，好动，需要培养孩子养成独立自主的好习惯，帮助他们尽快熟悉新环境，获得安定、愉快的校园生活情绪。可由老师通过自我表露来引导学生通过“畅聊发布会”的新颖形式了解新环境和新的学习生活，并与同学、老师分享，鼓励勇敢、自信地表露自我并乐于与老师、同学交往。

二、教学目标

1. 情感目标：能够愉快地与老师和同学一起认识、创造、发展自我，培养友好的交往品质。

2. 认知目标：了解、认识新环境和新的学习生活。

3. 行为目标：能勇敢、自信地表露自我，建立对新环境和新的学习生活的接纳关系。

三、教学思路

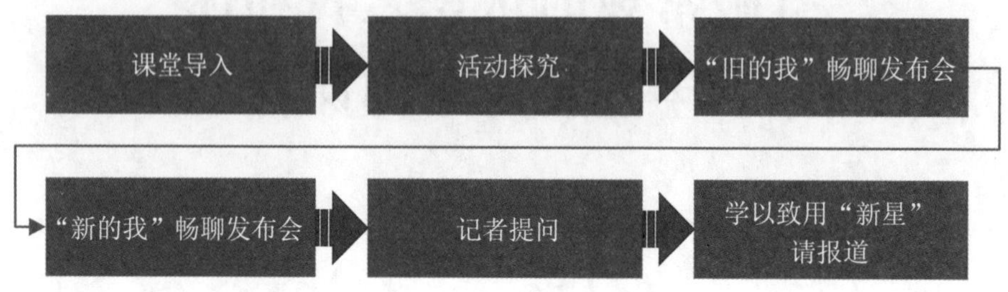

四、教学准备

教学 PPT、麦克风、“新星”请报到纸箱、纸笔（学生自备）。

五、教学过程

（一）老师眼中的自己（5min）

师：播放快闪 PPT，老师向学生介绍工作前后的自己。

生：观看。

师：提问学生——

1. 工作前的老师是什么样的呢？
2. 工作后的老师又是什么样的呢？
3. 工作前后的老师有什么不一样呢？

生：思考、回答。

（二）活动探究——我的年度总结报告（25min）

1. “旧的我”年度总结报告

师：创设情境，来到了发布会。要求学生作为发言人，根据“旧的我”主题回想刚上小学时的自己，并向同学们发言，表达刚上小学时的自己是怎么样的。其他学生可扮演记者团，待发言人发言完毕时可选择提问（最多一人两个问题）。

生：活动。

2."新的我"年度总结报告

师：创设情境，来到了发布会。要求学生作为畅想发言人，根据"新的我"主题总结适应后小学生活的自己或畅想以后的自己，并向同学们发言，表达上小学后（适应后）的自己是怎么样的。其他学生可作为记者团，待发言人发言完毕时可选择提问（最多一人两个问题）。

生：活动。

年度总结的主题内容：（举例，可开放式表达）

我的成长（刚上小学时的自己）：回想刚上小学时的自己，我是……（不适应的情况）

畅想未来的我（上小学后的自己）：现在或以后的我，应该是……（自己想成为的自己），上××年级时，我会……（适应后的样子或成功的样子）。

（三）"新星"请报到（10分钟）

师：要求学生画出学校的生活、对老师或同学的初印象、以后的自己（三选一即可），并将此进行小组间的分享。

生：绘画、分享。

六、教学建议

一年级学生思维有直观、具体、形象等特点，且注意力难以高度集中，但他们特别信任老师，因此在活动引导或规则说明时，可充分创设情境，给予学生足够强的信念感，并进行直观的演示和强调。若有学生难以用语言表达，可尊重并鼓励其选择其他方式表达，如肢体语言等。

七、教学资源

无

“不做小拖拉”
二年级学习适应主题课程

一、学情分析

《中小学心理健康教育指导纲要》指出，低年段的学生需要树立时间意识。小学二年级学生时间观念浅薄，容易有拖拉行为。时间意识是小学生顺利适应学校生活的关键因素之一，培养学生正确的时间观念，养成按时守时的习惯，为接下来的学习生活打下坚实基础。

二、教学目标

1. 情感目标：感受到“拖拉”可能带来的不良情绪及结果。
2. 认知目标：树立时间意识，培养正确的时间观念。
3. 行为目标：明确自己每天要做的事情，找到督促自己及时做的方法。

三、教学思路

四、教学准备

《我不是拖拉大王》绘本。

五、教学过程

（一）课堂导入

1. 游戏：《木头人》

游戏规则：一分钟小组折纸比赛，随机抽同学作为“木头人”暂停动作 20 秒。

2. 分享：比赛后采访抽中“木头人”同学的感受，采访“木头人”比较多的小组组员感受。

（学生感受到“等会儿再做”会带来完不成任务的后果，由此产生着急的情绪，特别是合作的活动，“等会儿”还会影响到别人。）

这个游戏是让我们被迫“等”，但是我们学习和生活中，有些时候会主动的“等会儿”这就是——拖拉。

（二）绘本故事《我不是拖拉大王》

播放绘本视频或讲解绘本故事。

1. 妈妈叫起床并催促面包熊收拾好东西上学，回到学校老师也叫面包熊快点。面包熊在上学路上看到好看的东西总要先看看，面对催促时总喜欢说“等会儿”。

提问：为什么妈妈和老师总催促面包熊？

2. 老师通知明天 8 点集合出发去游乐园，迟到的就不能参加了。第二天妈妈赖床，没有叫面包熊起床和准备早餐；面包熊因为拖拉没有放食物在书包里所以没有吃的；等河马老师化完妆、司机叔叔看完报纸才出发；到游乐园乘坐摩天轮出故障了，管理员叔叔喝完汽水才检查。

提问：

（1）为什么面包熊会因为他们拖延而感到生气和害怕呢？

（2）如果拖拉的面包熊长大后成为医生、消防员或者警察，会发生什么事情？

（三）我有拖拉的时候吗?

在学习单上写下自己最容易拖拉的时候，例如起床、做作业、睡觉……

选出写的最多的拖拉行为作为例子，和同学们一起想解决办法。

同学分享，老师总结出登记任务、马上做、定时间、找人监督等方法。

师：老师看到这几个同学是忘记要做什么作业了，所以没有及时完成，我们可以怎么做让自己不会忘记呢？——登记任务。

……

（四）总结

我们收获了很多让自己不拖拉的方法，请同学选对自己有用的方式去实践，让自己不做小拖拉。

六、教学建议

低年级学习任务比较少，拖拉的事情可以不限于学习，拓宽到生活习惯等。

七、教学资源

绘本视频：https：//www.bilibili.com/video/BV1h64y1v7dF/?vd_source=230c66e1a3f0b81129fce870872a40e7

参考资料：

心理老师成长联盟《战胜拖拉怪兽》。

“班级情绪脸谱”
二年级认识班集体主题课程

一、学情分析

《中小学心理健康教育指导纲要》提出，在小学阶段帮助学生提高适应校园生活的能力，确立与小学生相适应的心理健康指导目标。小学二年级学生已对班集体有了初步的体验，但在集体活动中容易情绪不稳定，且自控力不强。本节课结合情绪让学生分享在学校发生的事情及感受，帮助低年级学生更好地理解自己与他人的情绪，接纳情绪，学会一些能让自己平静下来的方法，营造小组合作的学习氛围，从而一起努力创建一个安全、友好的班集体。

二、教学目标

1. 情感目标：学生与身边的事情发生联结，更深入地感受自己的情绪，也尝试去了解别人的感受。

2. 认知目标：了解自己和别人都会有不同的情绪体验。

3. 行为目标：让学生在活动中关注自己和他人的感受。

三、教学思路

四、教学准备

班级日常活动视频、情绪脸谱。

五、教学过程

（一）课堂导入

1. 导入：双面胶

活动规则：请学生站起来到过道上分散开，当教师说“双面胶”时，同学们齐声问：粘什么？然后教师会随机说身体的一部分，请同学们迅速找到一个或多个同学，将身体的这个部分粘在一起，记住不能每次都找同一个人。教师可以说粘手背，粘背部，粘脚尖，粘左手，粘额头等等。

2. 提问：

（1）当你迅速顺利地找到自己的伙伴，跟他们在一起完成任务时是什么感受？

（2）猜猜落单的同学会是什么感受？

在一个小小的活动中同学们感受到了很多情绪，如开心、难受、紧张等，我们在学校生活的每一天同样承载着每一个人各种各样的感受，现在我们一起来回忆体验一下我们在学校中各种各样的感受吧！

（二）班级情绪脸谱

1. 教师引导：同学们我们现在都是二年级的学生，平时在学校有什么新的经历和感受呢？

2. 活动过程：

（1）观看班级日常活动视频，邀请同学们思考平时在学校发生的让你印象深刻的事情及感受；

（2）每组同学一张情绪脸谱图，请学生在上面挑选 1 ~ 2 个能代表自己来学校之前、来学校之后的情绪的词语，并画一画发生的事情；

（3）大组分享。

3. 教师总结，情绪会因为一些人和事情产生，这是很正常的。

（三）情景再现

结合小组分享的故事，进一步创设情境分享如：

如果我当时就在这个同学身边，我会有什么样的感受？请在脸谱图中找 1 ~ 2 个情绪。面对同学的这种情绪，我们可以为他提供什么帮助呢？

总结：同学们，我们能够意识到自己的情绪，也要尝试去了解别人的感受。我们有任何情绪都是可以的，但并不是说所有行为都是可以的，我们要做让他人感到舒适、安全的事情。

六、教学建议

双面胶活动注意安全。

“今天，从友爱开始”
二年级人际交往主题课程

一、学情分析

二年级的学生处于自我意识上升较快的阶段，这个阶段的孩子多以自我为中心，且对朋友的理解就是一起玩的伙伴，对朋友的要求就是要服从自己；部分学生容易因听朋友的话而排斥个别同学，这也是产生校园欺凌的隐患。因此，本节课通过绘本故事以及活动体验帮助学生认识到友爱的重要性。

二、教学目标

1. 情感目标：觉察自己在接受他人善意时的感受，并尝试换位思考，初步形成乐于助人的人生态度。

2. 认知目标：认识到乐于助人在人际交往中发挥着重要作用。

3. 行为目标：争取在日常生活中多做一些有益于他人的善举。

三、教学思路

四、教学准备

石头若干、水盆一个。

五、教学过程

（一）活动导入——放松操

规则：以列为单位，所有同学站立，双手放在前面同学的肩膀上，听从老师指令，依次轻拍肩膀、按摩肩膀。完毕后，全体同学向后转，为刚才帮你放松按摩的同学进行按摩。（ppt 播放欢快音乐）

师：在刚才的放松操环节，我们都为彼此按摩了一下，这种相互付出的画面真好，一起向为我们按摩的同学说一声“谢谢”吧。

（二）讲解绘本：《每一个善举》

简介：小女孩克洛伊也不明白自己为什么拒绝和新同学玛雅交朋友。每当玛雅询问是否能跟克洛伊她们一起玩的时候，答案总是不行，于是玛雅开始自己玩，并且从某一天开始，她再也没有出现……

师：同学们，转学生玛雅身上有什么特点？为什么没有人愿意和玛雅玩？有人对玛雅表达过善意吗？（引出主题）

生：自由分享。

小结：新转学的玛雅踏入新环境，她也担心不适应。但是她从新入学的第一天就不断向身边的同学表达善意，比如分享她的生日礼物，主动邀请同学们一起玩等。可惜，一直没有人向玛雅表达善意。

师：同学们，你们猜一下克洛伊后面愿意对玛雅表达善意吗？带着你们自己的答案，我们继续阅读后面的故事。

简介：当克洛伊的老师上了一堂关于“再微小的善举也能改变世界”的课后，克洛伊才恍然醒悟，并被自己失去的机会刺痛了。如果她当初能对玛雅表现出一丝善良并且敞开心扉接受这份友谊该有多好……在最后一幅画面中，小女孩克洛伊在放学路上的池塘边，面对水塘陷入了久久的沉思，这幅画面仿佛能够定格到永远，也好像有一种神奇的魔力，让每一个读到这里的读者追忆自己的过去，回到某些难忘的场景里。（附图讲解）

师：如果你是克洛伊，故事回到玛雅转学的第一天，你会怎么做来表示你的善意?

生：讨论、分享。

小结：如果故事可以重来，克洛伊的遗憾就有办法弥补了，大家分享的善举让老师看到了大家的善良。如果玛雅在我们班的话，我相信同学们也会尽自己所能去帮助她，不排挤她，营造良好的班级氛围。

（三）活动体验

师：老师准备了一个水盆、一盒石子，每一个人投一颗石子到水里，看小小的波纹荡漾开，然后分享自己做过的一个善举或者曾经接受的别人的善举。（老师具体举例善举——帮同学捡笔，公交车上为孕妇让座，捡起地上的垃圾丢到垃圾桶等等。）

生：学生活动。

师：在分享完自己的善举之后看着石头的波纹荡漾开，同学们当下心情如何?没有分享的同学也没有关系，我们今天只是一个开始，期待接下来的日子我们一起来发现生活中的温暖的事。

生：学生分享。

（四）总结

我们所做的每一个善举，都会像波纹一样，影响身边的人，向这个世界发散力量，都会让这个世界变得好一点点!

六、教学建议

老师要通过具体例子来讲解何为善举。在最后的活动环节，为了避免在正式活动中学生分享不出来，应该在活动正式进行前让学生先自由讨论各自的善举（再小的事情也可以），再继续分享。另外，老师要提前跟学生们强调在这个环节不可以嘲笑别人（特别是不知道怎么分享的同学）。

七、教学资源

链接：https：//mp.weixin.qq.com/s/_dxpALSfXB3Lpo3hQxTmUg（绘本）

“我的优缺点”
二年级认识自我主题课程

一、学情分析

认识自我即自己对自己的认识，是一个自我意识觉醒的过程，具体包括认识自己的生理状况、心理特征以及自己与他人的关系等。

小学二年级是儿童获得自我意识的重要时期，在学龄初期，自我概念的发展主要表现在自我描述。但大部分学生却不能清楚了解自己，有的孩子仅看到自己的优点，盲目自大；有的孩子仅看到自己的不足之处，胆小自卑；这都不利于孩子的成长。所以通过本节课，引导孩子全面认识自己，发现自己的优点和不足，帮助孩子形成健全人格，促进孩子的心理健康。

二、教学目标

1. 情感目标：感受到每个人都有优点和不足。
2. 认知目标：了解到每个人都有优点和不足。
3. 行为目标：通过小故事和小组讨论发现自己的优点和不足。

三、教学思路

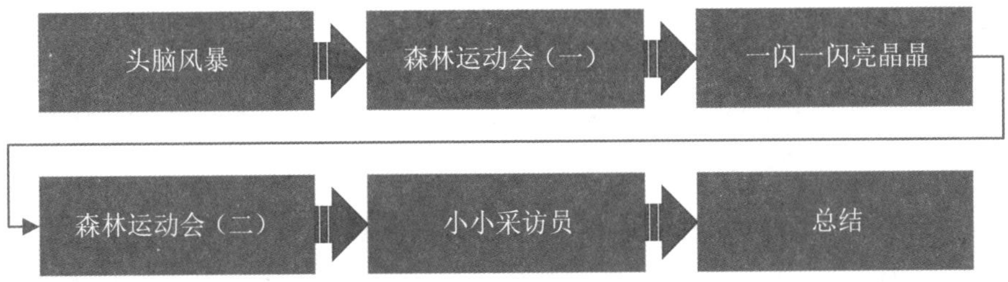

四、教学准备

小鸟、鸭子、兔子等动物图片做成课件。

五、教学过程

（一）课堂导入：头脑风暴

活动要求：教师利用课件展示图片，依次出现小鸟、鸭子、兔子等动物的图片，学生尽可能多地说其优点。

师：引导学生明白人和动物一样，都有各自的优点和不足，顺势引入主题课程《我的优缺点》

（二）主题活动 1：听故事：森林运动会（一）（自编）

森林运动会（一）：

小鸟、鸭子、猴子和小兔子参加森林运动会比赛，小鸟参加了飞翔比赛，小鸭子参加了游泳比赛，猴子参加了爬树比赛，小兔子参加了跑步比赛，结果他们都取得非常好的成绩。

师：你们知道为什么他们能在比赛中取得了好成绩吗？

师总结：其实飞得高是小鸟的优点，擅长游泳是鸭子的优点，会爬树是猴子的优点，跑得快是兔子的优点。每个动物都有自己的优点和特长，引导学生思考自己的优点和特长。

（三）主题活动 2：一闪一闪亮晶晶

活动规则：以小组为单位，组内成员依次说出自己的一个优点，然后上讲台展示。

师：鼓励学生积极发言。金无足赤，人无完人，思考自己是否有不足之处。

（四）主题活动 3：听故事：森林运动会（二）（自编）

森林运动会（二）：

第二年，小鸟、鸭子、猴子和小兔子也参加了森林运动会比赛，但是比赛结果却让他们非常伤心，这是为什么呢？因为小鸟参加了游泳比赛，比赛刚开始它就变成了落汤鸡；鸭子参加了跑步比赛，但它腿短，根本比不过其他参赛者；猴子参加了飞翔比赛，但因为它没有翅膀，根本就飞不起来；小兔子参加了爬树比赛，但它腿短根本就没有爬上树。最后，他们都在比赛中失败了。它们失落地说，我真没用，我以后再也不参加比赛了。

师：同学们，你们知道它们为什么失败吗？你想对他们说什么？

师总结引导方向：是的，小鸟擅长飞翔，但却不擅长游泳；鸭子擅长游泳，但跑步却不行；猴子擅长爬树，但是却不能飞翔；小兔子擅长跑步，但却不能爬树。引导学生明白人和动物一样，有优点，也有不足。

（五）主题活动 4：小小采访员

活动要求：随机采访班上的 5 位同学，说说自己的不足之处。

师：引导学生发现自己的不足之处。

（六）总结

师：“金无足赤，人无完人”，每个人都有优点和缺点，我们要积极发扬自己的优点，想办法改正自己的不足之处，这样就会变得越来越好。建议学生课后询问家人自己的优点和不足之处。

六、教学建议

二年级的孩子在“一闪一闪亮晶晶”这个环节，可能进行得还比较顺利。但是在“小小采访员”这个环节，如果孩子本身比较优秀，在采访的时候，可能较少会有学生说出他/她的不足之处，这时除了表扬孩子之外，还需要引导孩子不能骄傲，可以课后询问父母对自己的看法。而班级中表现较为一般的孩子，可能收到的不足之处会比较多，教师应该照顾每一个孩子的情绪和心理变化，引导孩子别气馁，每个人都有自己的优点和不足，没有十全十美的人。

七、教学资源

心理绘本《没有耳朵的兔子》。

"集中我的注意力"
二年级高效学习主题课程

一、学情分析

注意力是指人的心理活动指向和集中于一定事物或活动并持续下来的能力，是视觉、听觉、触觉、嗅觉和味觉五大信息通道对客观事物的关注能力。不管是在学习中，还是在生活中，集中注意力、专心做事对学生来说都非常重要。对于二年级的孩子来说，他们养成了基本的学习习惯，有一定的自主学习能力，但在注意力方面仍有较大的提升空间，注意力的稳定性和持久性远远不够，导致作业拖拉、上课开小差等情况出现。小学阶段是培养学生注意力的关键时期。本节课通过活动让学生回想自己学习上注意力不集中的情况，体会集中注意力的重要性，并帮助同学们提高自己的视觉、听觉注意力，学会集中注意力排除干扰，体会集中注意力带来的乐趣，提升注意力的稳定性和持久性。

二、教学目标

1. 情感目标：感受注意力集中带来的乐趣。

2. 认知目标：感受自己的视觉注意力、听觉注意力，主动学习提升注意力的方法。

3. 行为目标：掌握提高注意力方法，并尝试应用到实际学习生活中。

三、教学思路

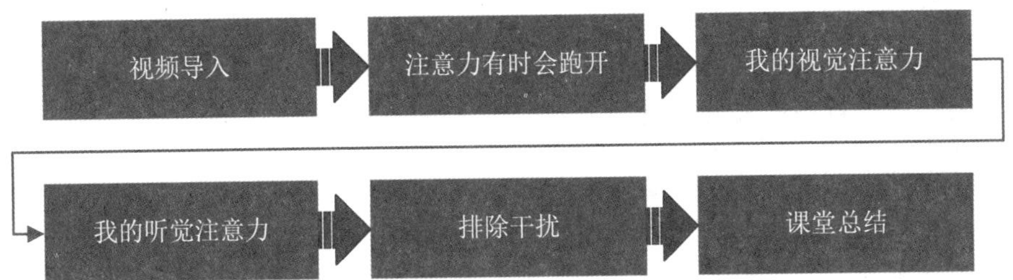

四、教学准备

纸杯视频、两幅找路径的图片、五张找不同的图片。

五、教学过程

（一）视频导入

师：播放纸杯视频，提问学生小球最后停在了哪个纸杯里面。

师：通过举手的方式统计学生的答案，揭晓答案后表扬回答正确的学生，并引入《集中我的注意力》课题。

（二）注意力有时会跑开

规则：学生拿出笔和纸，一边观看图片，一边用笔在纸上画出表示注意力跑走的台阶。PPT 上会出现注意力不集中情况的图片，当你认为自己存在 PPT 上展示的情况时，则画一个台阶。

提问：你有与图片中一样的现象吗？如果有，请你在纸上画一节台阶吧，看一看你的注意力跑了多远了？

师：根据学生的回答引入注意力不够集中的危害（如学习成绩下降），进而引导学生通过训练提高注意力。

（三）我的视觉注意力

1. 视觉迷宫

规则：呈现两幅找路径的图片，通过视线追踪，用最短的时间按顺序找到路径的另一头对应的是什么。

2. 找不同

规则：在规定的时间内，找一找这张图片中哪一处是不一样的。（一共五张图片，每张图片看 10 秒）

分享：在刚才玩游戏的过程中，你是如何迅速找到答案的？请跟同学们分享你的窍门。

师：带领学生总结提升视觉注意力的方法：用手指辅助阅读；有顺序地观察。

（四）我的听觉注意力

1. 数数字

规则：仔细听一串数字，并回答这串数字中分别听到有几个 7、几个 9。

2. 一起拍拍手

规则：当听到 3、6 的时候拍手，听到其他数字时，不拍手。

师：带领学生总结提升听觉注意力的方法：用笔把内容快速地记录下来；积极关注重要的内容。

（五）排除干扰

规则：屏幕上将同时播放动画片和呈现背诵内容，要求学生在动画片的干扰下尽快地正确背出要求背诵的内容。

师：选择有趣的动画视频，一边播放带有声音的视频，一边显示要背诵的内容，当有同学想要起来挑战时，暂停抗干扰视频，并退出 PPT 播放。

课堂总结：结合学生的表现进行小结，最后总结回顾本课的知识点，再次强调提升注意力的重要性。

六、教学建议

本节课通过有趣的活动让学生认识到自己在注意力方面存在的不足，进而调动学生的积极性，再告之学生注意力是可以培养的，通过一系列的注意力训练帮助学生提升注意力，找到集中注意力的方法。在讲授过程中要注意控制时间，避免在某一环节花费过多时间；由于学生的组织能力较弱，无法总结出提升注意力的方法，可通过教师板书学生抄写的方式加强记忆。最后的排除干扰环节可增加小组比赛和计时来提升学生的积极性。

七、教学资源

舒尔特方格是在一张方形卡片上画上 1cm × 1cm 的 25 个方格，格子内任意填写上阿拉伯数字 1 ~ 25 共计 25 个数字。训练时，要求被测者用手指按 1 ~ 25 的顺序依次指出其位置，同时诵读出声。

每天坚持练习一遍舒尔特方格，孩子的注意力水平就能得到大幅度提高，包括注意的稳定性、转移速度和广度等。

15	1	21	4	6
18	5	10	11	20
12	2	3	9	17
8	16	25	19	14
22	7	13	23	24

参考资料：

提高注意力的训练方法——舒尔特方格法。

“做情绪的小主人”
二年级情绪调适主题课程

一、学情分析

情绪是人们对客观事物是否符合自己的需要所产生的主观态度、内心体验及外在表现。情绪是主观意识经验，人的情绪是一种心理现象。情绪分为积极情绪和消极情绪两大类，积极情绪对身体有益，消极情绪会影响身心健康。小学低年级主要帮助学生在同伴交往中了解自己的情绪，做情绪的小主人，更好地快乐学习和生活。

二、教学目标

1. 情感目标：让学生认识到情绪有积极情绪和消极情绪。
2. 认知目标：了解到情绪没有好坏之分，能接纳自己的情绪。
3. 行为目标：学会表达自己的情绪，控制情绪。

三、教学思路

四、教学准备

情绪词。

五、教学过程

（一）课堂导入：情绪猜猜猜

选4位同学抽“情绪词”通过表情表演给全班同学猜，表演时不能说话，只能用肢体语言表示。

教师小结：引出今天学习的主题“做情绪的小主人”。

（二）活动：情绪大转盘

师：如果让你在情绪大转盘中选择两个你喜欢的词，你会选择什么？说明理由。

学生回答。

教师小结：许多同学都喜欢开心、愉快、喜悦这类词语，这些都是愉悦的情绪体验，因为它会给你带来好的心情；我们生活中不可能只有愉快的事情，也会经历让我们难过、不愉快的事情，我们不能只接受愉快的情绪，也要接纳自己产生的不愉快情绪。

（三）活动：我会表达情绪

师：当你出现下面的情绪时，你会怎么做？

1. 当我生气的时候，我会＿＿＿＿＿＿＿＿＿＿＿＿＿＿＿＿
2. 当我伤心的时候，我会＿＿＿＿＿＿＿＿＿＿＿＿＿＿＿＿
3. 当我害怕的时候，我会＿＿＿＿＿＿＿＿＿＿＿＿＿＿＿＿
4. 当我开心的时候，我会＿＿＿＿＿＿＿＿＿＿＿＿＿＿＿＿

学生回答。

教师小结：我们看到了每一个人的情绪体验都充满了丰富多变的色彩，即使是同一种表情，不同的人也会有不同的情绪体验和表达方式。

（四）情绪实践战场

师：如果你遇到以下情景，你会有怎样的情绪？会怎么说？

情景1：班主任昨天刚刚强调不许再迟到，但今天你睡晚了，迟到了。

情景 2：爸爸说寒假带你去旅游。

情景 3：你不小心撞到同学的笔袋，里面的文具都撒在地上，你马上道歉，可还是被同学骂了一顿。

情景 4：你养了三年的小狗生病了，医生说可能没有办法治好。

学生回答。

教师小结：做情绪的小主人，快乐笑呵呵，生气说一说，紧张深呼吸，难过要安慰，情绪是个小宝贝，学会表达不会累。

六、教学建议

二年级学生自我控制能力较差，课堂纪律可能较难控制，所以上课前要和学生讲好课堂公约。

“生命中的美好”
二年级生命教育主题课程

一、学情分析

处于小学低年段的学生对情绪尚缺乏清晰的认识，容易被不开心的事情影响情绪，甚至会采用哭闹、摔打等伤害身体的方式表达自己的情绪，这不利于学生的健康成长。在生命教育中，最重要的目的就是让学生健康成长，而本课的设计旨在让学生发现和记录生命的美好，以此促进积极情绪的产生。积极情绪能够让人们看到生活中的更多可能性，更热爱生活。通过本课，帮助学生形成正向思维，培养乐观向上的品质，学会拥抱生命的美好。

二、教学目标

1. 情感目标：感受生命和生活的美好和快乐。
2. 认知目标：了解什么是生命中的美好，并能够识别跟发现。
3. 行为目标：对生命保持期待和热爱，学会记录生命中美好。

三、教学思路

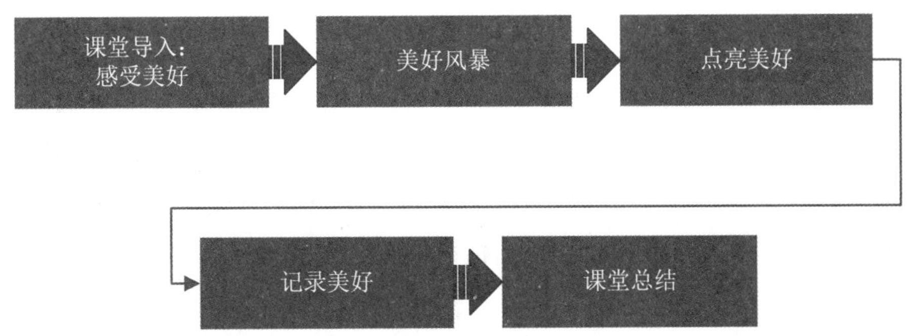

四、教学准备

《人民日报快乐 2021》视频、学习单。

五、教学过程

（一）课堂导入——感受美好

师：通过提问“今天快乐吗？”“快乐到底是生命？”，以及看视频《人民日报快乐 2021》导入主题——生命的美好。

（二）美好风暴

活动指导语：请同学们回顾过去的一周，我们有遇到哪些美好的事情或美好的人吗？并尝试说说为什么这些事情或人让你觉得美好。请同学们以开火车的形式进行分享。

生：以开火车的形式分享生活中让自己快乐的事或人，或是生活中美好的事情。

师：通过学生的分享，引导学生感受快乐，感受美好，把这些美好留于心中。

（三）点亮美好

师：引导学生思考什么才是美好，并向学生举例分享美好的事情。

养宠物	获得奖励	画画	认识更多字
上体育课	和妈妈聊天	打篮球	交到好朋友
吃大餐	爬山	踢足球	上台表演
会游泳	和朋友出游	唱歌	取得进步

师：展示心理学家塞利格曼的相关理论。心理学家塞利格曼认为，美好的事情能带给我们积极的情绪体验，从而让我们大脑更加灵活，能够让我们更加聪明。利用该理论让学生认识到，当我们遇到美好的事情时，我们要学会记录，这样会让我们的生活更加美好。

（四）记录美好

活动指导语：那接下来，我们就一起尝试如何记录生命中的美好。请同学们拿出学习单，在学习单上进行记录。学习单的第一栏是写你觉得美好的事情或人，第二栏填写这件事情的美好程度。最美好是五颗星，一般美好是一颗星，星越多越美好。让我们尝试记录一下吧。同学们可以把刚刚所分享的先记录下来，再继续想想还有没有其他美好的事情。

生：利用学习单进行记录，如有时间可以进行分享。

师：通过这个活动，让学生学会记录美好。

（五）课堂总结

生命中的美好有时可能只是很小的一件事，我们需要在日常生活中有善于发现美好的眼睛，还要有善于记录美好的习惯。积少成多，让这些美好点亮我们生命的火光。

六、教学建议

1. 注意用语简单明了

因为授课对象为低年级学生，该年龄阶段的学生阅读和理解能力有限，所以在授课的过程中，教师的用语要简单明了，让学生清楚活动规则和课堂要求。

2. 注重对学生的激励

该年龄段的孩子十分重视教师的点评和表扬，因此在授课的过程中，教师可以准备一些小红花或小贴纸，奖励给发言的学生，激励学生踊跃分析与表达。

七、教学资源

1. 视频链接《人民日报 2021 那些快乐的瞬间》。

2. 学习单《生命中的美好星级评价表》如下：

生命中美好的事情	星级评价（1 ~ 5）

“我的寒假计划”
二年级其他主题课程

一、学情分析

《礼记·中庸》曰：凡事豫（预）则立，不豫（预）则废。制定计划是实现目标的重要途径，小学二年级学生已经基本适应校园生活，但自控力不强，教师可以通过课堂帮助学生初步树立制定计划的意识，并通过制作计划表、假期实践等环节，帮助学生体验合理安排时间与执行计划所带来的成就感。

二、教学目标

1. 情感目标：意识到寒假时间的宝贵，珍惜时间。
2. 认知目标：学会合理分配时间，培养计划意识。
3. 行为目标：初步制定并执行计划，并应用到学习生活中。

三、教学思路

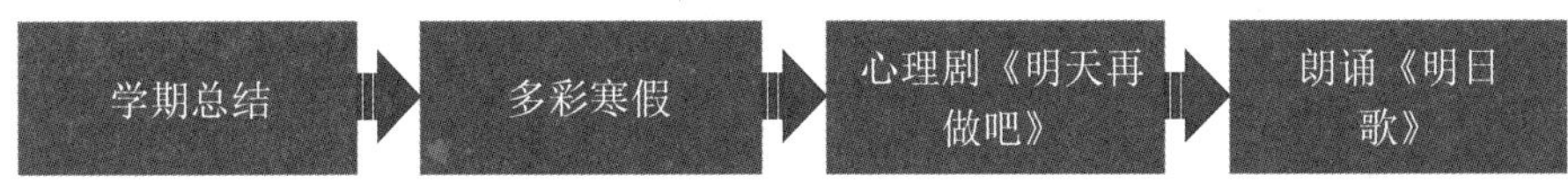

四、教学准备

课前布置作业：要求学生画一颗大树，把本学期知识点画作果实；准备心理剧剧本、角色名牌。

五、教学过程

（一）学期总结

师：要求同学们进行作业展示，并询问学生印象最深刻的心理课内容；结合学生作业总结梳理本学期课程内容。

如果有学生没有完成本次作业，可以询问没有完成的原因，由此引出“合理计划安排”主题；如果所有学生都完成了，可以询问完成的秘籍，根据学生回答引出“合理计划安排”主题，进入下一环节。

（二）多彩寒假

师：即将进入寒假，询问学生寒假有什么计划和安排，引导学生用待办清单列出自己的一周安排。

生：练习并分享。

师：根据学生分享进行回应，比如为什么会安排以上内容？为什么是按照这样的顺序 / 频率？对于学生回应中积极的部分进行肯定，不合理部分进行引导。

（三）心理剧《明天再做吧》

1. 学生演示

师：邀请一名学生扮演主人公小明，只说一句台词“明天再做吧”，邀请 3 ~ 4 名学生扮演娱乐、兴趣、作业等角色，并分配相应台词，场景设置在寒假第一天、第二天、最后一天。

2. 讨论

师：询问主人公本人的感受、其他演员的感受，以及台下学生的想法和感受。

询问主人公：对作业说“明天再做”是什么感觉？对娱乐说“明天再做”是什么感觉？两种感觉一样吗？第一天和最后一天说这句话的感觉有没有什么不同？

询问演员：当主人公不断说“明天再做”的时候，你作为他的 ××，你有什么想法？

询问学生：如果每个同学都像小明一样把事情推到明天，会发生什么？假如你是小明的好朋友，你会对他说什么？假如你是小明，你会做出什么调整？

（四）总结、朗读

师：提醒学生寒假时间有限，合理利用安排寒假的技巧是制定计划，按时完成。引导学生齐声朗读《明日歌》，鼓励大家利用寒假时间按时完成作业的同时，提升自我。

六、教学建议

本节课主要目的是培养学生制订计划的意识，以及按计划完成的习惯，不拖沓，对于学生的计划制定不需要判断对错好坏。不能提前布置作业的情况下，可以自行进行学期总结，然后设置一个事例（比如某某学生寒假有很多想完成的事情，但是缺乏计划和规划，最后一事无成）导入课堂。

七、教学资源

1.《明日歌》明 · 钱福

明日复明日，明日何其多。
我生待明日，万事成蹉跎。

明天又一个明天，明天何等的多。如果天天只空等明天，那么只会空度时日，一事无成。作者三次提到“明日”，劝告迷失的世人珍惜每一天活在当下，不要永远等待明日而浪费时间，蹉跎光阴。

2.《明天再做吧》剧本

老师：寒假第一天

作业：小明，开始写作业吧！

小明：（无论其他人问什么，只能说）明天再做吧！（下同）

爱好：小明，练习一会钢琴吧！

娱乐：小明，我们一起出去玩吧！

老师：寒假第二天

作业：小明，昨天你没有按计划完成作业，今天要赶上噢~

爱好：小明，你的钢琴还没打开一次，今天总要摸一摸吧~

娱乐：小明，我们一起去打球呀！

老师：就这样，寒假来到了最后一天，明天就要开学了，小明的作业只写了一个名字，什么都没写，钢琴也落满了灰尘……

作业：小明，明天就要开学了，今天总要写一下作业把！

爱好：小明，你当时可是要励志做钢琴家的，今天总该练习一下吧！

娱乐：小明，明天就要开学了，赶紧一起出去玩一会！

作业、爱好、娱乐：明日复明日！到底什么时候能完成呀！

注意：这个环节教师要配画外音，让作业、爱好、娱乐按顺序出场，以及提示时间背景、讲解故事。

“一分钟的价值”
二年级生涯规划主题课程

一、学情分析

时间管理是生涯规划中的重点，学生的时间管理能力影响着他们未来的学习、工作能力，代表着个体的发展潜力。对于小学生来说，安排、计划自己的学习、休闲娱乐的时间大多是听从学校、家长的安排。通过生涯启蒙中对时间管理的学习，可以帮助二年级的学生建立时间管理观念，初步树立时间管理意识。

二、教学目标

1. 情感目标：理解时间的重要性，培养珍惜、重视每一分钟的态度。
2. 认知目标：认识到生活中的每一分钟都可以创造价值。
3. 行为目标：在学习和生活中利用好每一分钟，提升时间管理能力。

三、教学思路

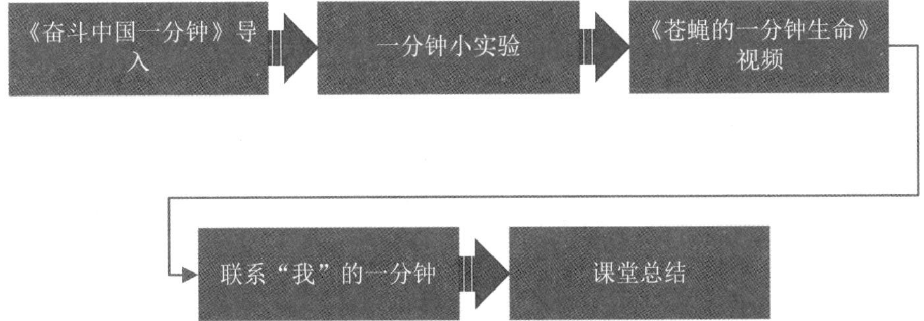

四、教学准备

课前分组（4～6人一组）、每组3～4张白纸、PPT、《奋斗中国一分钟》视频、《苍蝇的一分钟生命》视频。

五、教学过程

（一）课堂导入——《奋斗中国一分钟》视频

师：播放视频《奋斗中国一分钟》，请同学们看完这个视频之后说一说自己的感悟。

生：思考后回答。

（二）活动体验——1分钟小实验。

师：一天有24个小时，一个小时有60分钟，如果不想让时间浪费，我们就要利用好每一分钟，那么1分钟的时间可以做什么事情呢？

请同学们先看几个事例说出你的感想。

1分钟，主持人华少可以说500个字；

1分钟，专业运动员可以跑550米；

1分钟，铅笔厂可以生产铅笔1600只；

1分钟，验钞机可以数1000张纸币；

1分钟，高铁可跑5000米。

生：观看事例，思考后回答。

小结：1分钟听起来短暂，但是示例的人物都让这短短的1分钟变得非常有价值。那么，我们自己的1分钟可以发挥多大的功效呢？我们1分钟能做多少事情呢？接下来我们通过实验亲身体验一下。

师：PPT展示课文《和时间赛跑》，请同学们在A4纸上抄写课文，在开始之前，猜猜自己能写多少字，把自己的猜测的字数写在A4纸上方。

教师计时后学生开始抄写。

时间到。

生：组员之间查看彼此进度，是否达成自己的预测，交流讨论。

小结：有的同学估计的数字多了，有的同学估计的字数少了，这说明我们对自己1分钟能做多少事情并不清楚，接下来我们再做一个拍手活动，请同学们先拍一拍手感受自己拍手的快慢，然后认真谨慎的估计一下自己1分钟能拍多少下，并写在纸上。

师：老师说"开始"的时候就开始拍手，说"停"的时候就停下来。

时间到。

生：查看自己的目标与实际的对比，组员之间相互讨论。

师：接下来我们进行一个挑战，你们的目标就是比刚才拍的次数多。

生：在教师开始计时后努力拍手1分钟。

师：对比上一次有没有拍得更多？通过刚才这些活动，大家有什么感想。

生：自由讨论分享。

小结：在刚刚的活动中，我们发现1分钟可以完成的事情可能比我们想象的要多。通过努力，我们可以让1分钟创造出更大的价值。

（三）领悟成长——《苍蝇的1分钟人生》视频。

师：虽然我们不能把自己的所有时间浓缩到1分钟，但是接下来我们要看一个一分钟一生的视频。播放动画《苍蝇的1分钟人生》。（在苍蝇感到惊慌、迷茫时暂停）

师：请学生概括视频的内容。刚刚我们知道了1分钟是可以完成很多事情的，请同学们大胆猜想，苍蝇在这1分钟里可能会做什么事情，小组讨论并写下来。

生：小组讨论，组员代表分享讨论成果。

分享结束后，继续观看视频。

师：视频中苍蝇做的事情和同学们猜想的一致吗？它是如何安排自己的1分钟人生的？你如何评价这只苍蝇的一生？

生：自由讨论发言。

小结：同学们对苍蝇的精彩人生发出赞叹。这只苍蝇的一生，虽然只有短暂的1分钟，但是却格外充实、闪耀。即使拥有的时间短暂，这只苍蝇也有自己要完成的目标和计划，充分利用这1分钟，实现自己的价值，没有虚度自己的人生。

（四）联系“我”的1分钟。

每一分钟时间都值得我们好好珍惜利用，那么在生活中，我们应该如何利用好自己的每一分钟呢？

在开始的时候，给自己一个1分钟定一个目标和计划，让自己在时间内有事可做。（板书：做计划、定目标、让自己有事可做）。接下来，我们实际操作一下，请同学们为自己的课间10分钟做计划，定目标，利用好课间的每一分钟。

课间十分钟：

第1分钟____________________第2分钟____________________

第3分钟____________________第4分钟____________________

第5分钟____________________第6分钟____________________

第7分钟____________________第8分钟____________________

第9分钟____________________第10分钟____________________

（1）完成上节课遗留的任务，例如做好笔记、交上交作业等；

（2）必要的休息，例如小憩、出教室走一走等；

（3）活动、放松身体，例如上厕所、做做眼保健操等；

（4）为下节课做准备，比如预习、准备学习工具的。

学生完成课间计划，教师随机抽取学生进行分享，同时请其他学生评价，给出意见。

小结：课间虽然只有10分钟，但是我们只需将可见的计划精确到每一分钟，就可以保证每一分钟有事可做。每一分钟都应被充分利用，不该浪费，希望同学们在其他的时间，也要重视每一分钟创造的价值。

最后，通过这节课，你最有感触的是什么呢？在活动单上写一写，并讨论分享。

（五）结束语

1 分钟，我们可能看不见摸不着，但是我们却能感受到它的价值。短短的 1 分钟我们也可以创造出价值，珍惜时间就是珍惜我们拥有的每一分钟。对时间进行计划，不浪费生命中的每一分钟，充分利用好每一分钟才能让自己过得充实有价值。

六、教学建议

这节课需要学生体验和深入思考的部分会比较多，对于二年级学生来说，需要做好课前静心，同时将课前导入做好，充分引起学生兴趣。对于本节课问题的引导和设置，可针对不同班级学生的情况进行调整。

七、教学资源

视频：《奋斗中国一分钟》《苍蝇的一分钟生命》。

“时间宝瓶的秘密”
二年级高效学习主题课程

一、学情分析

低年级学生正是初步树立时间意识的时期，逐步培养学生对时间的有序管理，学会自己设定优先事项有助于他们养成高效的学习和生活习惯。

二、教学目标

1. 情感目标：初步树立时间管理意识。
2. 认知目标：认识到时间是宝贵的，明白时间管理的重要性。
3. 行为目标：学会将事情进行轻重排序。

三、教学思路

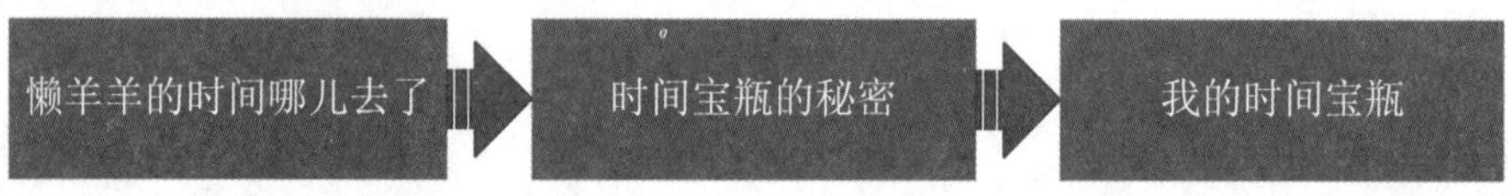

四、教学准备

PPT、剧场表演。

五、教学过程

（一）创设情境：懒羊羊的时间哪去了？

大肥羊学校剧场：

村长：“懒羊羊，你又迟到了！你昨天干什么去了！”

懒羊羊：“村长，昨天我就是在做您布置的作业啊。”

村长：“我昨晚布置的作业大家半个小时就做完了，你做了一晚上，作业还没写完？”

懒羊羊：“那我也不只是做作业啊，我可忙了，我要吃草莓蛋糕，给小灰灰打电话，还要睡觉，还要看《喜羊羊与灰太狼2》……我的时间哪儿去了呢？”

村长：“你你你你，你要气死我了，你今天给我补完作业并且给我解开这个瓶子的秘密才可以回家。”

懒羊羊：“村长~~~呜呜呜~”

师：同学们，你们觉得懒羊羊做的对吗？他的时间哪儿去了呢？

生：思考并回答。

（二）时间宝瓶的秘密

暖羊羊：“懒羊羊，别哭了，村长也只是为你好，赶紧写作业完成村长的任务吧。”

懒羊羊：“可是我根本就不知道这瓶子，还有这些石头是干什么用的啊。”

暖羊羊：“关于这个瓶子，我知道。就是把这些大石头、小石头、沙子、水全部装进这个瓶子里。”

懒羊羊一听，急忙地把石头、沙子、水一股脑地倒进瓶子，却发现根本装不完，吓得一哭：“我根本就不会，怎么全部把他们装进去啊。”

师：同学们，你知道怎么样可以把这些大石头、小石头、沙子、水全部装进瓶子里吗？

生：思考并回答。

懒羊羊：“谢谢同学们帮我解决了这个问题，但是班长暖羊羊告诉我，这个瓶子叫作时间宝瓶，它跟时间有什么关系呢？这些大石头、小石头、沙子、水又代表着什么呢？”

生：思考并回答。

教师小结：这个瓶子代表着我们一天要做的事情，体积越大代表越重要的事情。

懒羊羊："那我今天要做的事情有去超市买零食，打电话给小灰灰，补作业给村长，学习生字词，背诵古诗，看电视。如果要排序的话，应该怎么排序呢？"

生：学生思考并排序。

懒羊羊："谢谢同学们，你们真是帮我大忙了。通过这个时间宝瓶，我终于明白我之前真的浪费太多事情了，没有合理地安排时间。我以后知道怎么安排时间了。"

（三）我的时间宝瓶

师：请同学们绘制自己的时间宝瓶，将今天要做的时间按照轻重缓急排一个序吧。

生：按要求完成并分享。

六、教学建议

环节一的剧场片段可以找同学提前演好录制下来，也可以事先安排班上同学排练，课上现场表演增加趣味性。

七、教学资源

无

“小小魔镜”
二年级认识自我主题课程

一、学情分析

能够看到自己的不足，对自己的短处有所认识，是个体自我意识发展的重要指标之一。有些学生太过关注自己的优点和长处，而忽视了不足，无法正视自己的缺点，就容易造成自我认识的偏差；而有的学生则用逃避的方式，或者是害怕在他人面前暴露自己的缺点，就容易产生自卑心理，不利于其改正不足，完善自我。

本课旨在帮助学生从自己和他人两个角度认识并接纳自己的不足，认识到勇于承认自己的不足不是一件羞耻的事情，接纳自己的不足并积极努力改正反而是一件利于自己成长的事情。

二、教学目标

1. 情感目标：通过活动体验，让学生尝试接纳自己的不足，以开放的心态面对负面的评价和建议。

2. 认知目标：通过活动，引导学生认识到自己的不足。

3. 行为目标：通过活动，让学生勇于面对自己的不足，认真改正自己的缺点，提升自我。

三、教学思路

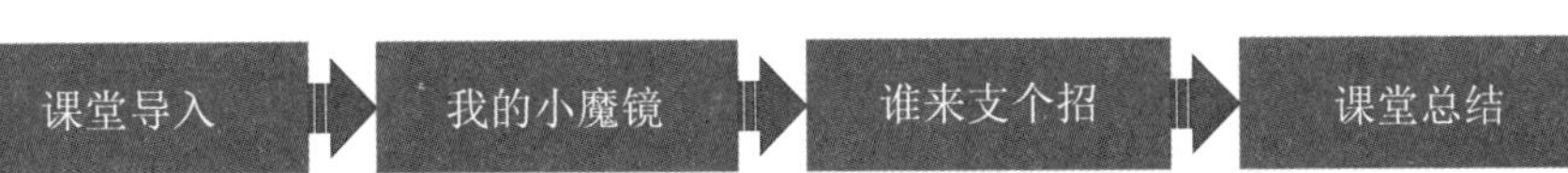

四、教学准备

PPT、镜子、学习单。

五、教学过程

（一）课堂导入

师：向学生展示手中的镜子，并提问学生：你从镜子里面看到了什么？

生：分享自己的想法。

师：导入主题。这其实是一面神奇的镜子，它可以照得见我们的不足。我们一起来试试看吧。

师：以自身为例，展示魔镜照出的自己的不足有哪些，为学生创设情境。

（二）我的小魔镜

活动规则：

1. 请学生思考自己身上有哪些不足，并写在学习单上。

2. 每小组发放一面魔镜，小组成员轮流照魔镜。小组的其他成员要说出照魔镜的这位同学身上的一处不足，并用具体事例说明。该同学要把小组成员说的写在学习单上。小组成员说完后，该同学要说一句“感谢大家的意见”。

3. 对于自己不能理解或存在争议的意见，课后可以和提出该意见的同学进行交流讨论，也可以请教老师。

活动分享：

1. 有哪些不足是你自己没有想到的？

2. 得到魔镜的这些信息，你有什么感受？

生：参与活动，分享感受。

师：引导学生认识到自己的不足，并尝试学会辩证地看待他人提出的意见。同时引导学生思考，面对这些不足，是否认识到之后就置之不理呢？我们需要对这些不足做些什么呢？

（三）谁来支个招

师：统计“我的小魔镜”这一活动中，学生提到最多的不足之处有哪些。选择十项展示在黑板上，让学生分组，每个小组选择一个不足之处（不可重复选择），并针对该不足，提出建议或解决措施（至少三点）。

生：分组进行讨论。选择一个不足之处，进行小组探究，为改善这个不足献言献策。探究结束后，每组选择一位同学进行发言。

师：在黑板上板书学生的建议和措施，说得不完善的地方可引导学生继续思考。板书结束后，可让学生选择适当的建议，写在学习单上。

生：完善学习单。

（四）课堂小结

师：总结课堂，并布置作业。

作业：课堂结束后，请家长为我们的不足提出建议，并监督我们执行，记录执行结果以及我们的成长。

六、教学建议

1. 要注意引导学生，避免产生自卑心理

在开展“我的小魔镜”这一活动中，要注重引导学生，让他们认识到发现自己的缺点不仅是一种能力，更是一个宝贵的优点。同学们给我们提出意见，是对我们的帮助，让我们更好地成长，能够虚心听取他人意见的孩子最勇敢。

2. 注重课后作业

对于本课的课后作业，需要教师的后续追踪，帮助学生记录他们的成长与变化，并在日后的课堂中给予时间，让学生分享他们的收获与感想。

七、教学资源

学习单

我的小魔镜

（不足之处的参考词汇：拖拉、懒惰、不喜欢发言、胆小、粗心、讲小话、会迟到、爱发脾气、不爱运动、不爱劳动……）

“我来支招”：

1. 为了改正我的______不足，我可以做到______；

2. 为了改正我的______不足，我可以做到______；

3. 为了改正我的______不足，我可以做到______；

执行人：______监督人：______

“和情绪做朋友”
二年级情绪主题课程

一、学情分析

情绪是我们对内外部事物的主观体验及相应的行为反应，与个体愿望和需要是否得到满足紧密相关。如果我们的需要得到了满足，我们会体验到积极情绪；反之，我们可能会体验到消极情绪。通常，人们比较容易接受积极情绪，但可能会阻止消极情绪的表达。所有的情绪都有存在的合理性，对我们的生活都具有非常重要的意义。

低年级小学生很难理解消极情绪和积极情绪都具有合理性，他们的情绪管理能力往往比较弱，很多时候不懂得如何恰当地表达和宣泄自己的情绪。本节课旨在教授学生接纳消极情绪，学会合理调节消极情绪的方法，以免造成不良影响。

二、教学目标

1. 情感目标：感悟各种情绪都有意义，接纳消极情绪。
2. 认知目标：认识到情绪的丰富多彩，理解消极情绪的积极意义。
3. 行为目标：掌握调节消极情绪的办法。

三、教学思路

看见情绪 → 理解情绪 → 和情绪做朋友

四、教学准备

PPT。

五、教学过程

（一）看见情绪

课前游戏：老师讲一个故事，同学听到和情绪有关的词就拍拍手。

故事如下：今天，小亮要去找小马玩了，小亮非常开心，昨天晚上就已经兴奋得睡不着了。出门的时候，小亮的妈妈叮嘱他路上要注意安全，但小亮还是很激动，蹦蹦跳跳地走在路上。

走着走着，有个人迎面牵着一条小狗朝小亮走来，小狗把地上的污水溅到了小亮的新衣服上，他很生气，大声说："这是我的新衣服！"狗狗的主人知道了很紧张，连忙道歉，说："不好意思，我是盲人，我的导盲犬不是故意弄脏你衣服的。"小亮听了，脸唰地红了，觉得自己刚刚太激动了，于是马上说"没关系"，并且主动扶这位盲人过马路。两人的心情也都平静下来。

到了小马家，小亮说了刚刚发生的事，小马竖起大拇指，说："我很自豪有你这样的朋友。"接着，两人就开始有说有笑地玩耍。

师：一年级的时候我们走进了情绪世界，认识了很多情绪，今天我们一起聊聊这些情绪小精灵，和它们做朋友。

（二）理解情绪

讲述故事：

原始人小原：他身上有很多情绪按钮，他看了看，全部留了下来。

原始人小野：他身上有很多情绪按钮，他看了看，只留下了"快乐情绪按钮"。

师：

1. 前方出现一只猛兽，小原和小野将会作何反应？

2. 小原的什么情绪按钮会被启动呢？启动后，会促使小原做什么呢？

3. 只有“快乐情绪按钮”的小野可能会做什么事情，结果是什么呢？

生：分享。

师：“恐怖情绪”可以帮助我们意识到危险，及时做好自我保护。

讲述故事：

小原有话说：嘿嘿，还好没有丢掉这些情绪按钮，小野可太难了，哈哈哈哈哈。原来每个情绪按钮都是美好的设计，都有着特定的功能。当情绪按钮被按下的时候，你去听一听它想告诉你的消息。

小野有话说：哎呀！原来只有快乐情绪按钮，让我有时候像个乐呵呵的小傻子，好几次都差点把小命丢了。而且也让我和别人相处不好，也没有那些宝贵的情感。

师：我们很多人可能会觉得开心、兴奋是好的，难过、害怕、愤怒等情绪是不好的。但如果没有了这些情绪，我们的生活会很好吗？当我们感到愤怒时，能更勇敢地表达我们的想法；当我们难过时，就会知道什么事情对自己很重要；当我们厌恶时，就知道要远离什么人或事……由此可见，每一种情绪的存在确实都有它的价值和意义，消极情绪不是我们的敌人，要允许和接纳它们的存在，倾听它们想要传达给我们的信息，和情绪做朋友。

（三）和情绪做朋友

师：每位情绪小伙伴都很重要，但如果消极情绪伙伴一直在你身边就不太好了，它可能会伤害我们的身体、心理，影响我们的生活。消极情绪到来时，我们可以做些什么让自己心情好一点呢？

生：讨论、分享。

师：我们有很多情绪小伙伴，遇到不同的事情会有不同的情绪小伙伴来敲门，这些情绪都是我们的客人。当消极情绪到来时，希望我们能找到适合自己的方法与情绪做朋友。

六、教学建议

本节课对于低年段的孩子难度较大，教师可多用故事让学生理解每种情绪都有其存在的意义，同时拓展长期有消极情绪的话会不利于身心健康。

七、教学资源

绘本故事《并不坏的坏情绪》。

参考资料：

“平平凡凡的心理世界”公众号《负性情绪按钮：请不要关闭我》情绪单元第二课。

“人生剧本家”
二年级其他主题课程

一、学情分析

《中小学心理健康教育指导纲要》指出，“使学生有安全感和归属感，初步学会自我控制”是小学低年级心理健康教育的重要内容之一。二年级这一阶段是培养自信心的关键期，但是情绪容易不稳定且容易冲动，自控力不强，需要多鼓励和肯定，学会在遇到困难或问题时获得积极能量。为了让学生认识到“人生”的主动权在个人，能从困境中寻找或挖掘到有助于成长的资源，特设计此课程。

二、教学目标

1. 情感目标：学生善于用乐观积极的心态面对自己的生活。

2. 认知目标：学生理解我是、我能、我有（3I），认识到“人生”的主动权主要在个人。

3. 行为目标：学生懂得从困境中寻找、挖掘资源，看到积极面。

三、教学思路

四、教学准备

教学 PPT、人生剧本、盾牌。

五、教学过程

（一）阿拉丁神灯

师：创设情境，提问学生——如果有机会让你重新换一个身份、换一个人生，你会希望发生什么变化？

生：思考，回答。

（二）活动探究人生重洗

师：小组内每个人抽取一份人生小绘本，认真阅读小绘本的内容，不允许与同学交流，保持神秘。违规者经提示仍不调整则取消后续体验资格。

生：抽取并认真阅读人生小绘本。

师：询问学生对抽中的人生小绘本的满意度，邀请学生在保密的情况下，说出你对人生的预测——自己将会变成什么样呢？

师：听上去，同学们对自己的人生剧本都各有想法，普遍不太满意，现实也是如此。我们在生活中会遇到好的或不好的事情，有些是我们无法选择的。那如果有机会，我们可以交换彼此的人生，你会愿意交换吗？

生：思考，回答。

师：如不满意，告诉他人小绘本内容，想办法说服组内成员跟自己交换，最终可以换也可以不换，但每人最多只能交换一次。

生：组内互动，学生分享（同意 / 不同意交换的原因）。

（三）人生续写

师：展示两个人生小绘本，邀请学生用语言、肢体表演等将其人生续写。

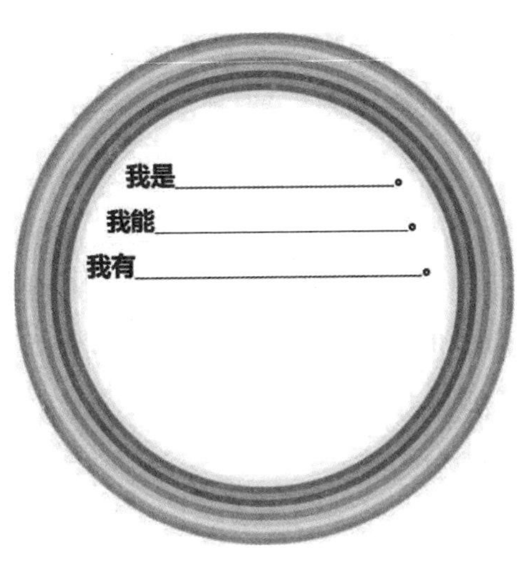

人生小绘本：

剧本①：出生在中国广东，父母是普通农民，家中有几亩小果园。母亲因为车祸身体不佳，主要收入主要靠父亲。从未去过麦当劳或动物园，长大后想开个小卖部，吃辣条、冰激凌。

剧本②：出生在美国加利福尼亚，父亲毕业于哈佛大学，母亲毕业于北京大学，且是滑雪教练。爱好广泛——跑步、篮球、钢琴、滑雪等，成绩优异。

生：活动。

师：播放视频，揭示这两个人的人生小绘本的发展。

生：观看视频。

师：人生剧本刚开始完全不同的两人，为什么最后都能站上世界的舞台？在他们成功的路上，什么起到了最重要的作用？（他们是什么样的人？他们有什么能力？他们有什么资源？）

生：思考、回答。

师：我们身体有三个魔法，当我们在面临困境，或者在日常生活中能充分使用这三个魔法时，会增强我们应对困境时的能量和勇气。这三个魔法分别是：我有、我是、我能。“我有”这个魔法是指我有什么，例如我有很多好朋友；“我是”这个魔法是指我是一个怎么样的小朋友，如我是个勇敢的小朋友等；“我能”这个魔法是指我适应生活、解决问题的能力，以及情绪管理能力，如我能够在生气时让自己慢慢冷静下来，不做一个愤怒的“小鸟”。

（四）我的盾牌

师：邀请学生回想这一学期所遇到的困难，并总结一下自己在遇到困难时使用了三个魔法的哪一个，在盾牌上写下每个人面对困境时的三个“我”的魔法。

生：动笔、分享。

六、教学建议

课堂中随时强调活动的规则，并且人生小绘本的设计需符合该年龄阶段，简单、色彩丰富、好理解，并在不懂时及时点拨。在盾牌填写时，将“我有”“我能”“我是”三个魔法讲得简单化，促进学生更好地理解并获得三种魔法。同时，整个过程没有对与错，需及时做好价值观引导，及时进行鼓励和肯定。

七、教学资源

盾牌：

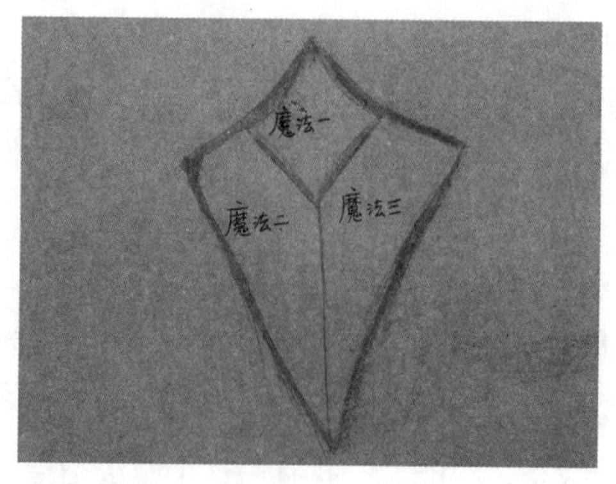

“好习惯伴我成长”
三年级学习适应主题课程

一、学情分析

小学生随着年级的升高，学习内容逐步加深，容易出现忙乱现象而影响学习效果。大部分学生并不清楚有哪些习惯是适合自己的、可以提高生活舒适度和学习效率的，哪些是不合适的、给自己的学习带来更多困扰的，也缺乏有意识地去养成好习惯的方法。本课发掘学生自身已有的好习惯，在同学分享中选择适合自己的，并尝试培养一个好习惯。

二、教学目标

1. 情感目标：体会养成好习惯的重要性。

2. 认知目标：思考什么样的习惯对自己来说是好的。

3. 行为目标：了解自己有哪些学习好习惯，并尝试发现培养更多的好习惯。

三、教学思路

四、教学准备

学生书包、习惯整理清单。

五、教学过程

（一）课堂导入

1. 游戏：请你跟我这样做

师：请你跟我这样做（做一个动作）。

生：我就跟你这样做（跟着做动作）。

教师在引导动作时融入十指交叉抱拳动作和双臂交叉放胸前动作。

2. 提问：如果我们变换一下交叉的手指位置，再变换一下双臂交叉的动作，会有什么感受？

3. 小结：同学们，回想刚才的两个动作，大家的左右手上下摆放位置都有所不同，对于这些非常细微而又让我们习以为常的动作，我们把它叫作——“习惯”。

（二）游戏：蒙眼取物

规则：

1. 全班同学蒙上眼睛，老师随机说出一个书包里的物品名称，学生在不用眼睛看的情况下快速从书包里拿出上述物品；

2. 采访最快找出的同学能快速找到的秘籍；

3. 两分钟时间重新整理书包，再次挑战蒙眼取物；

4. 分享：第一次没有找到或找错时的感受，第二次顺利快速找到的感受。

引导学生在寻找物品的过程中，体会归纳整理习惯的重要性，引出更多的生活和学习的好习惯。

（三）习惯整理清单

我的生活学习习惯	它能帮助我

分享：每个人选择一个自己最满意的，用“我有一个……的习惯，这个习惯能够使我……”的句式进行小组交流。

每个同学交流完之后根据培养习惯秘籍，写一个自己最想养成的习惯。

总结习惯培养秘籍：

1. 提示——让它显而易见；

2. 渴求——使它有吸引力；

3. 反应——让它简便易行；

4. 奖励——让它令人愉悦。

六、教学建议

一些好习惯不一定适合所有同学，注意引导学生发掘适合自己的好习惯。

“心情变形计”
三年级情绪调适主题课程

一、学情分析

小学三年级学生情绪不稳定，由于生活经验不足，在陌生、严肃、冲突、恐怖、约束、遭受指责等情况下，学生容易产生紧张的情绪，自我调节能力比较差，难以释放心理压力，这样就容易使学生的心情变坏。因此很有必要让学生理解情绪含义，培养健康、积极、乐观的情绪。

二、教学目标

1. 情感目标：感受自己最近一周的情绪变化。

2. 认知目标：了解情绪是人们对客观事物是否符合自己的需要所产生的主观态度、内心体验及外在表现。

3. 行为目标：掌握调控情绪的基本方法，并学以致用。

三、教学思路

四、教学准备

拍手操视频、“画出”情绪学习单。

五、教学过程

（一）课堂导入：热身活动"拍手操"

规则：跟着视频做动作，出现红色气球拍手，出现蓝色气球拍桌子，出现手掌击掌。

教师小结：活跃课堂气氛，感受紧张、焦虑、喜悦的情绪，引出今天学习的主题——心情变形计。

（二）情绪晴雨表

师：让学生回忆最近一周的主要心情，并着重感受最让自己印象深刻的某件事所带来的情绪体验。选几名学生分享自己过往一周的情绪体验，并说说自己应对消极情绪的方法。

学生分享事情和情绪感受。

教师小结：我们的生活不可能一帆风顺，我们的情绪也不可能都是愉悦的。当我们的需求得不到满足时，我们会产生不愉快的情绪体验。

（三）活动："画出"情绪

师：每位学生发一张情绪脸谱图（只有轮廓，没有五官），根据旁边小红的故事（包括喜怒哀惧情绪）画出小红产生的所有情绪。

学生"画"情绪。

教师小结：有些情绪是比较容易表达的，而有些情绪单纯用肢体语言比较难表达，我们可以用语言或者文字更准确地表达感受。

（四）我情绪我调节

教师小结：小红现在处于生气的状态，如果你是小红，为了不让自己受怒火控制，你会怎么做？

学生回答。

教师小结：我们的情绪就像坐过山车一样，有愉快的情绪体验，也有不愉快的情绪体验，积极情绪会有益健康，消极情绪会影响身心健康，所以我们要学会调节情绪。

六、教学建议

小红的故事可以根据学生最近的经历进行改编，这样学生会更有共鸣。本节课内容可能偏多，教师可根据班级情况进行增减。

“一起做老师的小帮手”
三年级人际交往主题课程

一、学情分析

在日常的教学当中，老师发现小学生经常因为一点小事向老师打小报告，这种行为容易使得打报告的同学受到其他同学的排斥，也不利于良好班级氛围的构建。通过这节课，初步培养学生解决问题的能力，减少和同学的矛盾。

二、教学目标

1. 情感目标：愿意主动去解决问题，减少对老师的依赖。
2. 认知目标：正确对待打“小报告”这件事。
3. 行为目标：减少打小报告，尝试自己解决问题。

三、教学思路

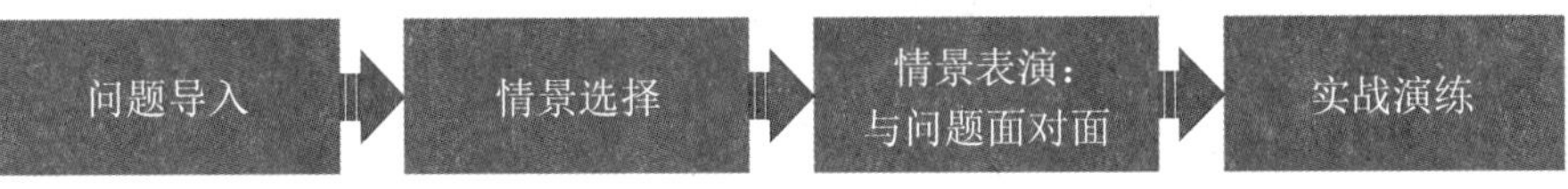

四、教学过程

（一）问题导入

师：如果在学校有同学犯了错误，你会怎么办？

生：自由分享 。

师：引出“打小报告”。

（二）情景选择

师：接下来会出示不同情景，如果你是当事人，你觉得你会选择和老师打小报告的请举手，不会的请双手交叉作出选择。

情景一：小红把垃圾丢在小李的位置底下。

情景二：下课期间，小明因为着急上厕所，不小心在走廊撞到了小黄。

情景三：小红没有经过小李的同意就拿她的作业本。

生：做出选择。

师：接下来出示不同情景，假设学生是旁观者，做出选择。

情景一：小红把垃圾丢在小李的位置底下。

情景二：两个同学因抢橡皮而打架。

生：做出选择。

小结：我们要正确对待打“小报告”这种行为。一是“报大”不“报小”，如重大的事情和危及安全的事情必须要第一时间向老师报告，就像情景二中同学打架危及到生命安全。另一种情况是对于班级制定的规则，比如不能乱丢垃圾，情景一中小李可以先跟小红沟通，制止小红这种不良行为，制止不了可以报告给班干部，如果小红多次不听劝解，继续有不良行为，为了帮助她改变不良行为，我们应该告诉老师。还要注意一点，如果你不是当事人，建议不要轻易打小报告，让他们先自行解决。

（三）情景表演：与问题面对面

规则：老师出示情景（小红没有经过小李的同意就拿她的作业本）。请学生同桌两人扮演，思考如何在不打报告的情况下解决问题。

生：表演。

小结：在日常学习生活中，同学之间有摩擦是再正常不过的事情，遇到摩擦了，我们先尝试自己解决，陈述事实，表达自己的感受，表达自己的期待。可以用如下句型：你做了……（事实），我感觉……（感受），我希望你……（期待）。

（四）实战演练

师：给学生时间演练，选择两组学生起来示范。

生：用上面三句话示范。

总结：在日常生活中产生矛盾时，我们要先自己尝试解决问题，自己的事情自己想办法解决，自己没办法解决的事情可以寻求家长以及老师的帮助。相信未来的我们一定能够独当一面。

五、教学建议

由于部分的学生打过“小报告”，老师在课程初不要直接否定打“小报告”这件事，要引导学生正确对待打“小报告”。

“我的个性名片”
三年级认识自我主题课程

一、学情分析

认识自我是一个自我意识觉醒的过程，是对自己身心活动的觉察，即自己对自己的认识。三年级的学生有一定的自我认识，但自我评价水平较低。因此，通过本节课帮助学生了解自我，认识自我，树立自信，培养自主能力、自立的人格，帮助学生建立正确的角色意识显得尤为总要。

二、教学目标

1. 情感目标：感受到每个人都是独特的。
2. 认知目标：了解到每个人都有各自不同的特点。
3. 行为目标：通过为自己设计名片了解自己。

三、教学思路

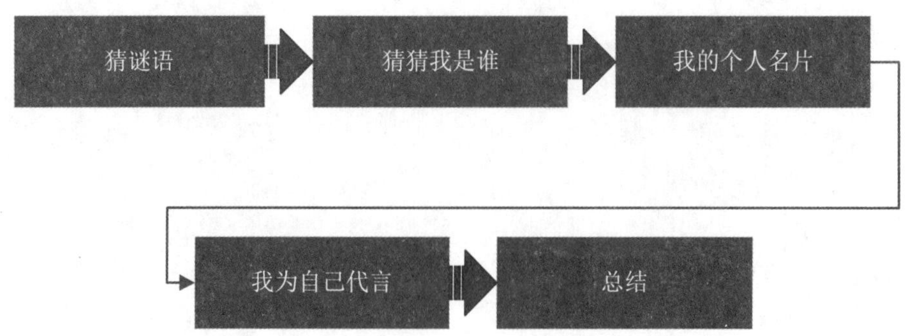

四、教学准备

A4纸、水彩笔。

五、教学过程

（一）课堂导入：猜谜语

谜面：天鹅飞去鸟不归（打一字）

谜底：我

师：通过猜谜语，引出“我”，追问“我是谁呢？”“我有什么样的特点呢？”顺势引入主题“我的个人名片”。

（二）主题活动1：猜猜我是谁

出示教师的自我介绍：

我是一名女生，今年28岁，有着一双大大的眼睛。

我最喜欢的事情是打羽毛球。

我最喜欢的颜色是蓝色。

我最喜欢的食物是草莓。

我的爱好是唱歌。

我是一个自信勇敢的人。

我的优点是会做菜。

我的不足是对自己要求过于严格。

师总结：每个人都有特点，引导学生根据特点介绍自己。

（三）主题活动2：设计我的个人名片

活动要求：学生为自己设计个人名片，介绍自己的外貌特征、最喜欢的事情、食物、爱好以及优缺点，并为自己画出形象照，把名字写在A4纸的背面。设计完之后，统一上交到教师的“个人名片”盒子里面，老师会随机抽取一张名片，大家一起来猜一猜他/她是谁。

师：巡查学生绘制个人名片，通过猜测个人名片，引导孩子是否清楚自己的各种特征。

（四）主题活动3：我为自己代言

活动要求：请同学们大声地读出自己的个性名片，并且在最后加上“这就是我，我为自己代言”，然后把自己的名片送给自己最想送的朋友。

（五）总结

师：每个人都有自己不同的特点，我们要对自己有一个清晰的认识，才能在以后变得越来越好。但是对自我的认识还需要听听他人的评价，这样才更全面。课后询问自己的朋友或者家人，你在他们眼里是一个什么样的人，让他们进行补充。

六、教学建议

在让学生猜名片的时候，可能有些名片被猜了多次才猜出来，名片主人的心情可能略显失落。教师除了鼓励学生平时多关注自己的特点外，还要鼓励学生大胆地为自己设计名片，突出自己的特点。其次，还要鼓励学生勇敢做自己，因为名片不被猜出来的原因极有可能是孩子在同学面前未表现真实的自己。所以，鼓励孩子接受自己的任何特点，为下节课的悦纳自我做铺垫。

“打败拖延小怪兽”
三年级高效学习主题课程

一、学情分析

拖延症是指自我调节失败，在能够预料后果有害的情况下，仍然把计划要做的事情往后推迟的一种行为。学习拖延是从拖延概念中衍生出来的，学习拖延的定义包含了行为、认知和情绪三个层面：从行为上表现为没有按时完成任务；从认知上表现为有意识并且知道应该完成；从情绪上表现为未完成后的不良情绪体验。对于三年级的学生而言，他们有一定的学习习惯和学习兴趣，但是自制力比较差，缺乏时间管理的意识。随着学业难度的增加，如果无法正确处理好学习与兴趣、娱乐之间的关系，就会导致学习拖延的现象出现。由此，本节课通过一系列活动，让学生认识到拖延带来的危害，学习摆脱拖延的方法，达到提高学习效率的目的。

二、教学目标

1. 情感目标：体验拖延带来的消极情绪和尝试打败拖延小怪兽带来的愉悦感。

2. 认知目标：感受拖延小怪兽带来的危害，树立时间意识。

3. 行为目标：学习和掌握打败拖延小怪兽的秘诀。

三、教学思路

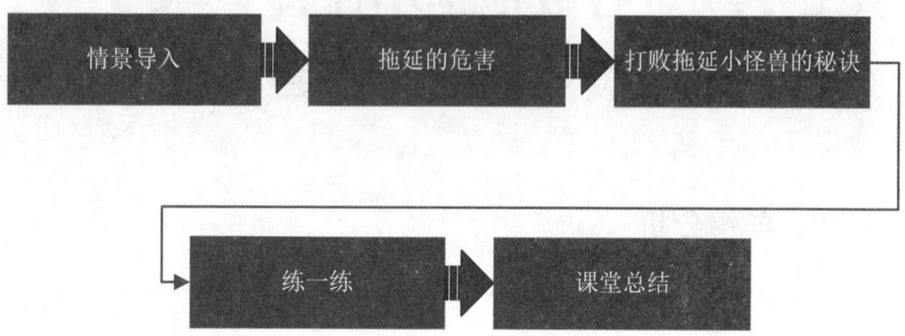

四、教学准备

六张情景卡片、跑步动图。

五、教学过程

（一）情景导入

师：展示跑步动图并提问，为什么小东的双腿明明没有受伤却怎么也跑不起来呢？

生：回答。

师：因为小东的脚步被拖延小怪兽缠上了，所以他怎么也跑不起来。结合小东的故事引入“打败拖延小怪兽”主题。

（二）拖延的危害

师：以小东的视角讲述被拖延小怪兽缠上之后的麻烦事情。

1. 昨天下午我在做数学作业时，看到了地上的足球。这时，我的耳边响起了拖延小怪兽的声音，它说：“等会做作业，反正还早呢。”结果我一玩，时间就到了 10 点钟。直到妈妈问起我，我才想起来数学作业还没做。只好熬夜赶完了作业。

2. 到了第二天，妈妈喊我起床。这时候拖延小怪兽又对我说：“再睡一会。"等我终于起床时，才发现我居然错过了第一节课！这真是太糟糕了！

3. 上课时，当老师说拿出练习册做练习时，拖延小怪兽说："不着急，只要把练习册和笔拿出来，反正老师也不会发现……"然后我就被数学老师当场抓住了，真是糟糕的一天啊。

4. 都怪拖延小怪兽，我这一周完全偏离了原来的轨道。事情那么多，我都快变成一个小"拖拖"了。

提问：拖延小怪兽出现在我们生活中，给小东带来了什么麻烦？

师：通过故事引导学生发现拖延带来的麻烦，并和学生一起总结出拖延的危害：作业做不好、被批评、学习成绩下降。

（三）打败拖延小怪兽的秘诀

秘诀一：发现拖延小怪兽

规则：呈现情景卡片，每张卡片展示不同的情景（总共 6 张卡片，三张拖延，三种不拖延），通过两两对比，找出拖延的卡片。

师：给同学们呈现情景卡片，找出日常学习和生活中，容易导致学生拖延的拖延小怪兽（板书：发现拖延小怪兽）。

秘诀二：54321 法

规则：拿出纸和笔，在一分钟的时间内计算出屏幕上的 20 道数学题目，只需要在纸上写下答案，时间到则停止计算。在一分钟的时间内把屏幕上的一段话抄到纸上，时间到则停止。

提问：在一分钟时间内，你可以完成多少道数学题目和抄写多少个字呢？现在你发现自己可以在一分钟时间内完成在这么多事情，感觉怎么样？

生：回答。

师：时间就是我们最宝贵的财富，为了避免时间被拖延小怪兽偷走，我们可以使用 54321 法（板书：54321 法）去应对。当你发现脑海里的拖延小怪兽企图控制你的行为时，可以在大声说"54321"后，继续做自己需要做的事情。

小练习：天天昨天晚上看电视看到很晚才睡觉，第二天妈妈喊他起床的时候，他的脑海里一直想着：“我不想起床。”

师：和学生一起表演这个情景，并使用54321法摆脱拖延。

秘诀三：请人监督法

师：请人监督法（板书：请人监督法）就是当你完成一件事情前，请他人监督你的进度，当你成功完成这个事情之后就可以获得一定奖励，这个奖励可以是跟朋友一起玩、看有趣的课外书、吃美味的食物等等。同时鼓励学生与父母商量制定奖励约定。

（四）练一练

规则：选出你认为正确的一项。

1. 做作业时，旁边放着手机可以吗？

A. 可以　　B. 不可以

2. 在与拖延小怪兽战斗前就把作为奖励的零食吃了，可以吗？

A. 可以　　B. 不可以

3. 在院子里跟小伙伴一起玩耍，当妈妈呼唤他回家吃饭时立马停下玩耍跟妈妈回家，对吗？

A. 对　　B. 不对

课堂总结：结合学生的回答进行小结。总结回顾本课知识点，引导学生加强时间观念，改变自己的拖延行为，努力打败拖延小怪兽。

六、教学建议

本课把拖延具象化比作一个小怪兽，通过让学生了解拖延的行为和危害来帮助学生摆脱拖延，有效利用时间。教师在授课之前可以对学生进行调查，了解学生常见的拖延行为，再运用到课堂上，能够更加有效地帮助学生。为了使这节课发挥更大的效果，教师可布置课后作业，让学生可以把学到的打败拖延小怪兽的秘诀运用到学习和生活中。

七、教学资源

趣味小知识：有拖延症的历史名人

列奥纳多·达·芬奇是被作为拖延症患者提及最多的伟人。这位天才是史上最极品的博学者，同时涉足建筑、解剖、艺术、工程、数学等多个领域。他一生写了大量笔记。据估算，传世的6000多页手稿只是全部的三分之一。在这些笔记里，达·芬奇成为西方第一个人形机器人的设计者、第一个绘制子宫中胎儿和阑尾构造的人，绘画创作方案更是不计其数。

这个事实侧面反映了达·芬奇的一生中注意力是相当分散的。于是，由于追求完美及不断有新的灵感到来，众所周知的《蒙娜丽莎》画了4年，《最后的晚餐》画了3年，并且都严重影响了客户关系。最终，达·芬奇传世画作不超过20幅，并且其中有五六幅到他去世还压在手里没能交付。直到他去世200年后，有关绘画的手稿才被后人整理成书，而更多科学方面的实践至今仍隐藏在那些草稿图中，成为天才的遗憾。达·芬奇本人亦为此苦恼，在一则笔记中他写道：“告诉我，告诉我，有哪样事情到底是完成了的？”这种挫败感，与我们当今饱受拖延困扰的后世人类所体验到的别无二致。

“生气了怎么办？”
三年级情绪调适主题课程

一、学情分析

小学三年级学生情绪不稳定，当冲突发生时，学生的处理方式是直接的，他可能就直接骂回去，反击回去。学生对“暴力”（不论肢体还是语言）的回击方式并不觉得错，反而感觉是一件沾沾自喜引人眼球的事。因此，三年级以“愤怒的情绪管理”为主题设计一节心理课尤为重要。

二、教学目标

1. 情感目标：体验成功控制生气情绪的积极感受。

2. 认知目标：简单了解不恰当处理生气情绪的危害，知道管理生气情绪的一系列策略。

3. 行为目标：掌握并运用管理生气情绪的一系列策略。

三、教学思路

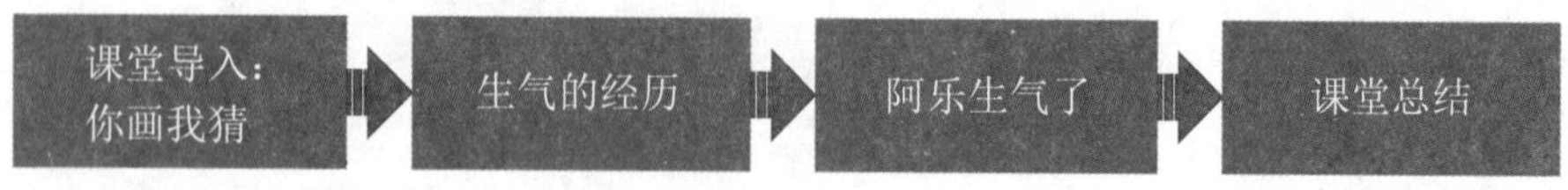

四、教学过程

（一）课堂导入：你画我猜

给出四个与生气愤怒有关的成语，让学生进行你比我猜游戏。游戏结束，提问学生“刚才游戏里的成语都和什么情绪有关”，自然导入课程主题。

（二）生气的经历

让学生写下一件曾让自己生气的事以及当时的应对方式、事件结果是什么。

通过对比不同学生生气时不同的处理、不同的结果，引导出“每个同学都有生气过的经历，结果却有好有坏。生气这一情绪并没有错，差别在于大家对生气这一情绪的处理方法”。

（三）阿乐生气了

1. 呈现一个故事。

阿乐的生日，爸爸送给他一个新文具盒，阿乐特别喜欢，立刻换上了。到了学校，同学们也都很喜欢，围着阿乐想看看他的新文具盒。

快快得到阿乐的允许，正准备拿起阿乐的文具盒好好看看，却没拿稳，文具盒摔在地上……

2.《结局一》

阿乐非常生气，抓住快快的手臂说：“你赔！你赔我文具盒！你要是不赔我，我就告诉老师！”

快快一开始是害怕又内疚，一听到阿乐说要告诉老师，她的怒火也被点燃了：“赔就赔！不就是个破文具盒吗？谁稀罕呀！哼！”说着就走掉了。

3. 提问学生

（1）现在阿乐和快快两个人心情好受吗？

（2）问题解决了吗？

（3）这时候阿乐正在气头上，他可以做什么避免结局一这种情况呢？

4. 给学生讲解消气的办法

（1）数颜色

当你想要大发脾气的时候，环顾四周的景物，在心里自言自语“那是一面白色的墙壁，那是一张绿色的桌子，那是一个蓝色的杯子，那是一个红色的书包……”直到心情渐渐平静。

（2）深呼吸

简单总结：要发脾气，暂停消气。

5.《结局二》

阿乐气坏了，可又不知道说什么，于是自己坐在座位上生闷气。快快把文具盒收拾好放到他桌上，想和阿乐说话，阿乐把脸别到一边去，不理快快。快快尝试了几次，阿乐还是不理她，她也回自己座位了。

6. 提问学生

（1）现在阿乐和快快两个人心情好受吗？

（2）问题解决了吗？

（3）阿乐憋着气不说很难受，他这个时候可以怎么做呢？

7. 神奇的四句话

引导学生用神奇的四句话（非暴力沟通四部曲）把气说出来。

当____________________的时候（说事件），

我真的很生气____________________（说感受），

因为____________________（说需要），

我希望____________________（说希望）。

（四）课堂总结

要发脾气；
暂停消气；
四句说气；
不再生气。

六、教学建议

上课前要提前和学生约定不能针对班上一些“脾气暴躁”的学生，要尊重所有同学，不能对号入座。

“生命的礼物”
三年级生命教育主题课程

一、学情分析

理解“生命”这个抽象而意义深刻的词语对于小学低年龄段的学生来讲比较有难度，因此需要创设情境来引导他们深入思考与感悟。

绘本故事《獾的礼物》以童话的形式，讲述了一只充满爱心和智慧的獾，生时乐于帮助他人，死后被大家所怀念。他所带给大家的“礼物”像宝藏一样，永远都藏在他所关心的人的心里。通过学习该故事，让学生正确地理解死亡，更好地明白爱与奉献是生命带来的礼物，感悟生命的意义。

二、教学目标

1. 情感目标：通过绘本故事感受温暖以及关于爱的信号。

2. 认知目标：懂得生命会逝去，但爱会长留，初步形成对死亡的正确认识。

3. 行为目标：明白爱与奉献是生命带来的礼物，体会珍爱生命，感悟生命的意义。

三、教学思路

四、教学准备

《獾的礼物》绘本故事视频、《2021 年那些令人“破防”的瞬间》、学习单。

五、教学过程

（一）课堂导入

师：通过提问学生“喜欢收到礼物吗？”“你最希望或最喜欢收到的礼物是什么呀？”进行课堂导入——生命的礼物。

（二）阅读绘本，用心感悟

师：播放绘本故事《獾的礼物》，并提醒学生认真阅读。绘本故事结束后，引导学生思考以下两个问题：一是故事中的獾给其他动物送去了什么礼物呢？二是它自己是否有获得了什么礼物呢？指导学生把自己的理解写在学习单的相应位置。

生：认真阅读绘本。阅读结束后，书写学习单，并分享所思所写。

师：通过学生的分享，让学生认识到獾给大家带来的礼物不仅仅是剪纸、滑冰、系领带、做姜饼，还把耐心、勇敢、分享、乐于助人等美好的品质留给了朋友们。同时，故事中的獾也收获了动物们给它的礼物，那就是对于獾的尊敬和怀念。

（三）绘制我的生命礼物

活动指导语：在我们的生活中，我们是否曾经像獾一样给予过别人礼物？回顾一下，你是否曾经给予过朋友什么？是否曾经帮助过朋友？曾经帮助过朋友做什么呢？请你把你曾经帮助、关爱过别人的具体事情写在学习单上的相应处。那在我们帮助、关爱朋友时，我们自己是否又曾收获到了什么？请把你帮助他人的收获以及感受写在学习单上的相应处。

生：依据教师的指导书写学习单，书写结束后小组内分享。

师：通过同学们的分享引导学生明白，生命中的礼物不分大小，包括种种，例如关爱、奉献、互助、友情、尊重……也正是这些“礼物”，让我们的生命更加绚丽灿烂。

（四）课堂小结

师：播放视频《2021年那些令人“破防”的瞬间》，升华本节课的主题，让学生感受生命的关爱与奉献。

在故事中，充满智慧的獾虽然离大家而去，但动物们永远不会忘记他，因为他留给大家很多的“礼物”。这些“礼物”让大家明白，生命的意义是爱与奉献。虽然我们的生命是有限的，但我们可以在有限的生命里去做有意义的事情，增加我们生命的价值，延续生命的有限性，帮助和关爱他人，用有限的生命，绽放无限的精彩！

六、教学建议

1. 时间的把控

《獾的礼物》绘本故事时间较长，教师可依据教学需要自行剪辑。“绘制我的生命礼物”是本节课的重要环节，因此教师需要预留充足的时间给该环节。

2. 对学生的引导

“绘制我的生命礼物”是本节课的重要环节，需要教师做好引导，低年段的学生由于社会经验较少，可能不懂什么叫作尊重、关爱他人，教师可以举例说明，引导学生书写，就算是一件很小的事情，也可能是一份有价值的“礼物”。在分享的过程中，有些学生的表达能力有限，教师需给予充分的耐心，帮助他表达他的想法。

七、教学资源

1. 绘本故事视频：《獾的礼物》。

2. 视频：《2021年那些令人“破防”的瞬间》。

“回忆水晶球”
三年级其他主题课程

一、学情分析

水晶球的意象有能量、神奇力量。对于学生而言，面对成长的困惑和生活的创伤，会幻想借助水晶球魔力让自己变得更加强大。小学三年级是学生情感发生变化的转折期，同时随着交往范围扩大，困扰随之而来，容易产生不安情绪。

二、教学目标

1. 情感目标：体验回忆的滋养，梳理总结带来的获得感。
2. 认知目标：了解记忆对自身的影响。
3. 行为目标：学会从不同角度看待经历，从中汲取能量。

三、教学思路

四、教学准备

要求学生自备一张便签纸 / 心理本、彩笔。

五、教学过程

（一）观看视频《头脑特工队》

师：讲解视频画面（乐乐落到了记忆深处，看到了小主人许多以前的回忆，有苦有甜），让学生分享自己对视频的观察。

生：思考、分享。

（二）收集水晶球

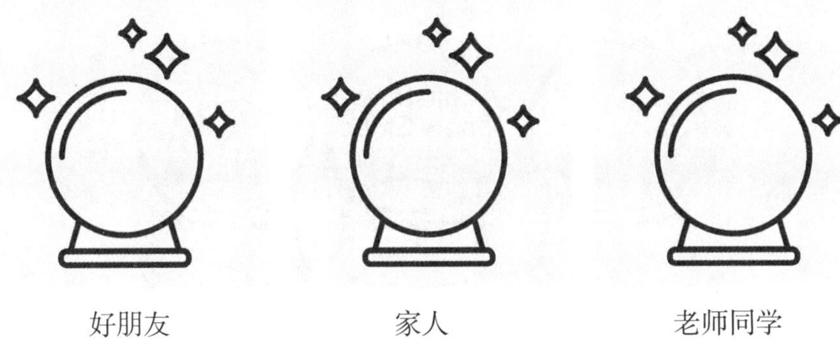

好朋友　　家人　　老师同学

师：邀请同学们回顾过去一年，分别在水晶球中画出一个印象深刻的回忆，并且列出颜色与情绪的对应关系（黄—快乐，蓝—忧伤，紫—害怕，红—愤怒，绿—厌恶），让学生在水晶球上描上相应的情绪颜色。

生：完成任务并分享。

（三）点亮水晶球

师：根据学生分享进行引导。如果都是正向情绪，可以结合本学期所学内容进行解读，帮助加深对知识的理解；如果有负性情绪，可以询问其他同学有没有相似经历，会不会涂上不同的情绪颜色，以及帮助学生从中找到积极因素。

生：分享、回应。

（四）总结分享

师：自行组织一段语言，或者是一段冥想，帮助学生加深与记忆的连接，感受回忆中的情感与力量。

六、教学建议

推荐在最后总结的时候用上《if i were a bird》八音盒版本纯音乐，并适当引用学生分享案例。

七、教学资源

1. 水晶球参考

2. 视频：《头脑特工队——乐乐哭了》。

“兴趣的作用”
三年级生涯规划主题课程

一、学情分析

三年级学生的学习思维具有从形象思维向抽象思维逐渐过渡的特点，其注意力目的性增强了，保持的时间更持久，书面语言水平逐步增强，内在动机开始成为孩子们的学习动力。引导学生探索和认识“兴趣的作用”，激发学生内在的动机和兴趣，对于良好习惯的形成和学习效率的提升有重要的作用。

二、教学目标

1. 情感目标：体验到不是所有兴趣都能起到积极作用，良好的兴趣和习惯才是真正的“老师”，才会发挥出重要作用。

2. 认知目标：引导学生了解到兴趣对于自己成长的重要性。

3. 行为目标：探索自己的兴趣是如何影响到自己的，挖掘自身内在的资源和潜能。

三、教学思路

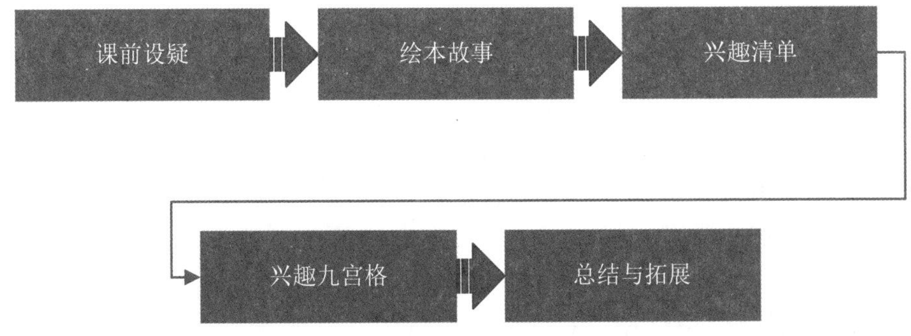

四、教学准备

PPT、动画视频《法布尔的故事》、兴趣清单、兴趣九宫格。

五、教学过程

（一）课前设疑，激发兴趣

1. 课前聊一聊

师：从小到大，你最喜欢哪个老师？印象最深刻的老师是谁？哪个老师对你的影响最大？

2. 出示课题——最好的“老师”

师：有个老师我们看不见它，但是一直在我们身边。在我们遇到困难时，让我们勇于挑战；在我们感到疲惫时，让我们敢于坚持；在我们探索的过程中，给我们传递快乐。这个神奇的“老师”究竟是谁呢？

（二）故事时光，初探兴趣

1. 观看动画视频《法布尔的故事》。

2. 互动探究

（1）喜欢昆虫的同学请举手。

（2）法布尔为什么不害怕这些小昆虫，还那么喜欢研究它们？

（3）引领法布尔成为昆虫学家的“老师”究竟是谁？

3. 小结：爱因斯坦说，兴趣和爱好是最好的老师。这个最好的“老师”，就是兴趣。

（三）兴趣清单，再探兴趣

1. 兴趣分享

（1）从故事引出兴趣的作用：前进的动力；钻研的动力；探索的乐趣；志同道合的伙伴……

（2）学生互动分享，谈谈自己有哪些兴趣。

2. 兴趣清单

出示《兴趣清单》，思考：是不是所有的兴趣都会带来积极的作用？

3. 区分兴趣与沉迷

对于不受控制地“玩电子游戏”“吃零食”的兴趣，如何看待？

4. 小结

兴趣不等于沉迷，良好的兴趣和生活习惯才会发挥出积极的作用。

（四）兴趣九宫格，自我探究兴趣

1. 介绍“看我圳少年”的学长例子，初步感知了解兴趣对成长过程的影响；

2. 出示“兴趣九宫格”；

3. 老师先举例完成的步骤和方法，接着让学生完成自己的兴趣九宫格。具体如下图所示：

年龄	姓名	性格
兴趣 1	兴趣 2	兴趣 3
积极作用	积极作用	积极作用

4. 学生互动分享。

（五）总结与拓展

1. 总结：每个人都有自己的兴趣老师，它们都在默默帮助我们。培养良好兴趣，为自己的成长助力。

2. 课后加油站：

（1）阅读心理课本相关内容，丰富对于兴趣的认识；

（2）与朋友和家长分享兴趣九宫格；

（3）培养良好的兴趣，为成长助力。

六、教学建议

在引导学生思考“是不是所有的兴趣，都会带来积极的作用”时，可引导学生多举生活例子来探讨这个问题。

七、教学资源

1. 兴趣清单

兴趣清单											
游泳	登山	跑步	打牌	跳舞	打扮	写作	绘画	散步	唱歌	聊天	拍照
跳绳	轮滑	书法	种花	旅行	放风筝	猜谜语	踢毽子	棋类	戏剧表演	吃零食	集邮
社团活动	玩手机	吃甜食	看新闻	阅读	看电视	看小说	搞笑片	听歌	逛街	睡懒觉	公园郊游
英语学习	玩魔方	玩电子游戏	编程	乐高	做手工	做美食	做数学题	编故事	朗诵	研究动物	科学实验
地理知识	历史知识	推理故事	打扫卫生	整理房间	学乐器	养宠物	玩益智游戏	看星星	天文知识	体育比赛	听故事

2. 动画视频：《法布尔的故事》。

参考资料：

网站：最好的老师——兴趣的作用 - 心理健康 - 深圳教育云资源平台（szedu.cn）

“合理说‘不’”
三年级人际交往主题课程

一、学情分析

学会拒绝是人际交往中的重要课题，从某种意义而言，学会说“不”是维护自我边界的重要方式。三年级的学生自我意识迅速发展，但在人际交往过程中存在着错误的观念，以为拒绝别人就会失去友谊，导致不敢说“不”，经常陷入“两难境地”。学会合理说“不”，才能与别人自如地交往，收获真诚的友谊。

二、教学目标

1. 情感目标：让学生体验面对不合理的要求时，勇敢拒绝之后获得理解的愉悦感。

2. 认知目标：让学生学会识别不合理要求，认识到人际交往中拒绝和接受同等重要。

3. 行为目标：让学生掌握拒绝别人的方法，提高人际交往的能力。

三、教学思路

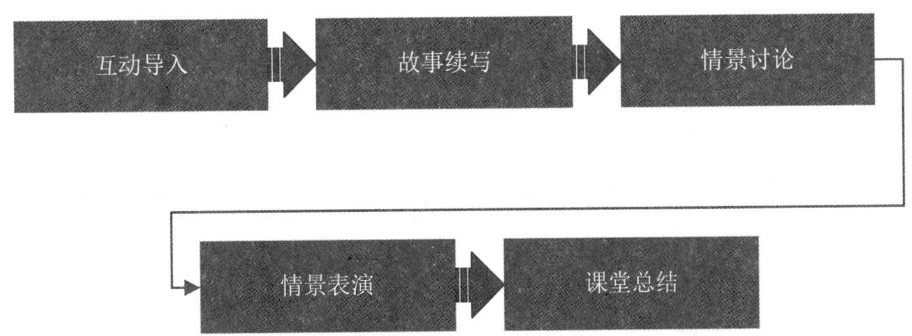

四、教学准备

PPT。

五、教学过程

（一）互动导入——我比你猜

师：（伸出手掌，掌心朝向学生）同学们，我们先来猜一猜这是什么？

生：思考、回答。

师：（挥动手掌，做出拒绝的动作）那这又是什么意思？

生：思考、回答。

师：（回应学生，引出主题）刚才有一位同学跟老师想的一样，这是拒绝的手势——“不”。

（二）故事续写

师：PPT 展示故事情景图片，让学生分组讨论，分别为每一个故事续写两种结局，一是接受会怎么样？二是拒绝会怎么样？

情景内容：

1. 玩耍时，朋友让你把点燃的鞭炮扔向小猫或垃圾桶里面。

2. 同学告诉你，以后那个说话不流利的同学，叫作“小结巴”。

3. 同桌昨晚没写作业，早上来教室的时候想借你的抄一下。

4. 体育课上，同学摔倒了，需要你帮忙扶去医务室。

生：讨论、发言。

师：根据现场实际情况进行小结，指出接受与拒绝是人际交往中不可避免的两种情况，两者同等重要。

（三）情景讨论

师：生活中，别人提出怎样的要求时你会拒绝？

生：思考、回答。

师：（小结）手头的事情更重要；不正确；不合理；自己不愿意做。前面提到的故事中，哪些属于不合理要求?

生：思考、发言。

师：以小组为单位，从以上不合理的情景中，任选一个故事进行讨论，当遇到这样不合理要求时，你将如何拒绝？并派出小组代表进行表演，其中一人扮演邀请者，一人扮演拒绝者，进行小组竞赛。

（四）情景表演

承接上一环节的内容，学生进行成果展示。

师：在拒绝别人时，我们有哪些需要注意的?

生：思考、回答。

师：（小结）在拒绝朋友的不合理要求时，只要注意方法，并不会影响两人之间的友情。（方法：态度温和有礼地说“不”；说明理由）

（五）课堂总结

师：没有谁能做到让所有人都高兴，只有当你敢于坦率而坚定地说“不，我不想这样”时，才能真正赢得别人的尊重，收获真诚的友谊。

六、教学建议

1. 本节课以情景为主线，学生自由发挥的空间较大，这非常考验老师的临场发挥能力以及控场能力。老师需要根据班级的特点进行调整，比如考虑第四环节是否需要提前安排表演人员。

2. 关注小组讨论动态，若有小组不愿意参与表演，老师可抓住课堂生成的“拒绝”情景，作为引导契机，与学生共同运用拒绝的方法，处理好课堂中的拒绝，化解尴尬。

七、教学资源

故事情景图片参考用书《好好长大：小学生第一本校园社交手册》：

用四步思考法正确说“不”。

参考资料：

教师用书《中小学心理健康教育课教学设计 56 例》：学会拒绝——小学生人际关系辅导。

“情绪变变变”
三年级情绪主题课程

一、学情分析

中年段的学生初步掌握了自我调节的方法。本课旨在让学生感受到情绪会变化，懂得当我们无法改变外在的环境时，改变自己的想法尤为重要，这有助于学生身心健康。

二、教学目标

1. 情感目标：体验换个积极角度后心情愉悦的感觉。

2. 认知目标：认识到情绪是会变化的，懂得看事情的角度会影响自己的情绪。

3. 行为目标：尝试用“换个角度看待问题”的方法来调节情绪，并有意识地将其运用于日常生活。

三、教学思路

四、教学准备

PPT。

五、教学过程

（一）课堂导入

情绪魔法盒：老师拿出一个盒子，告诉学生里面有的纸条写着小惩罚，有的写着是奖励。音乐响起，学生按顺序传递盒子，音乐停时，拿到盒子的同学要随机抽盒子里的一张纸条。

师：在游戏中体验到什么情绪呢？这些情绪是一直不变的吗？

生：分享。

师：刚刚游戏里我们体会了很多种情绪，有兴奋、开心、紧张、害怕等等，而且这些情绪都在不断变化。在生活中，我们的情绪也是有变化的。

（二）情绪加工器

师：采访游戏中抽到小惩罚的同学：你当时有什么心情呢？你是怎么想的？

生：回答。

师：面对同样的事情，我们看问题的角度不一样，出现的情绪也不同。

讲述故事：有位老太太，她的两个女儿长大后一个嫁给卖伞的，一个嫁给卖鞋的。从此，她整天坐在路口哭，被人称为“哭婆婆”。一天，一位禅师路过，问其缘由。老太太告诉禅师：每当天晴的时候，就想起了卖伞女儿的伞会卖不出去，因此伤心而哭；而每当天下雨的时候，又想起卖鞋女儿的鞋一定不好卖，因此也伤心落泪。禅师说：下雨的时候，你要想卖伞女儿的生意好；天晴的时候，你要想卖鞋的女儿卖得好，这样你就不会哭了。禅师一番话，老太太顿悟。从此，街头便有了一个总是乐呵呵的“笑婆婆”。

师：“哭婆婆”为什么后来变成“笑婆婆”了？

生：回答。

师：当我们遇到让心情不好的事情，我们不妨换个角度思考问题，让自己多一点快乐，少一点烦恼。

（三）情绪变换器

老师在课前收集了一些同学们最近遇到的小烦恼。现在让我们启动情绪变换器，给以下想法加加工，让同学们拥有好心情。

小A：本来这个周末妈妈答应了带我去旅游，我非常期待，但是她又突然工作忙去不了了。

小B：我的爸爸妈妈有时会吵架，吵起来很凶，我很害怕。

小C：数学作业好难啊，有时作业错了好多，我担心自己考试成绩也不好。

生：思考、分享。

师：换一种想法、变一种心态就能让我们拥有好情绪。希望同学们在日常生活中遇到不开心的事情时，也要记得启动情绪变换器，用积极乐观的想法代替消极的想法。

六、教学建议

教师可出示双歧图引出“换个角度看待问题”的方法，要多举一些与学生生活贴合的例子，避免说教。

七、教学资源

电影《头脑特工队》乐乐和忧忧关于雨天不同想法的视频片段。

“趣味七巧板”
三年级高效学习主题课程

一、学情分析

三年级学生正处于由形象思维向抽象思维过度的时期，想象能力也由模仿性和再现性向创造性发展。在日常教学中，教师可以小组合作探究学习的方式，有意识地培养学生的探究能力和创造能力，逐步提高学生的学习能力。

二、教学目标

1. 情感目标：体验探究七巧板的乐趣，培养探究精神。
2. 认知目标：知道七巧板的使用方法。
3. 行为目标：能够用七巧板拼出指定图案；用七巧板创造新的图案。

三、教学思路

四、教学准备

七巧板若干、图案版任务卡若干、文字版任务卡一张。

五、教学过程

（一）认识趣味

师：同学们，今天给大家带来了一个新朋友——七巧板。它由七块不同形状的板块组成，每个形状看似普通，但是通过组合，可以创造出各种各样的图案。（出示由七巧板组成的图案）

师：如果我们想拼出一个三角形 / 正方形 / 平行四边形 / 长方形等，可以怎么拼呢？

生：思考并回答。

（二）初探趣味

师：同学们已经初步掌握玩七巧板的秘诀了，让我们把七巧板变得更有趣一点吧！

生：小组领取任务卡。在规定时间内，用七巧板拼出任务卡上的图案，并记录所需时间。

生：学生分享拼图方法。

师：边听边提取关键点，如观察、思考、尝试、探究等关键点。

教师小结：（任务卡：鱼的图案）现在我们要解决的问题是：如何用七巧板拼出一个鱼的形状。首先我们可以观察任务卡上鱼的形状，可以在鱼头、鱼鳍、鱼尾确定几个关键点，进行连线；思考哪个部位需要用到哪些板块；通过不断尝试来确认最终组合，完成任务。这个过程是一个探究的过程，通过探索、研究解决问题。

（三）玩转趣味

师：小小七巧板，大大趣味。让我们把七巧板变得更有趣吧。

生：小组领取任务卡。在规定时间内，用七巧板拼出任务卡上要求的形状，并记录所需时间。

师：巡视课堂，对有需要的小组进行指导。

生：小组介绍拼图成果，并分享心得。

教师小结:（任务卡: 请用七巧板拼出一条鱼）现在任务卡上只有文字，没有图案，那我们可以构想出一条鱼的形状。当鱼的形状在你的脑海里有一个形象时，就可以进行观察、思考、尝试，最后这个鱼的形状就被你用七巧板给呈现出来了。神奇的是，同一张任务卡，七巧板有着不同的呈现效果。七巧板是普通的七巧板，是同学们不断思考，不断探索，不断研究，进行思维的碰撞，让七巧板变的有趣起来，创造出无限多的可能。

六、教学建议

1. 事先调查班级学生拼七巧板的能力，将任务难度调整到“最近发展区”。

2. 若班级人数是七倍数，可按人数分为 7 人一组，每人一块，提高参与感。还可以用小组竞赛的方式，激发外部学习动机。

七、教学资源

无

“陪生命度过漫长岁月”
三年级其他主题课程

一、学情分析

三年级这一阶段是孩子情感发生变化的转折时期，从情感外露、浅显、不自觉逐渐变得内控、深刻、自觉。由于交往范围扩大，认识能力不断提高，各种困扰也随之而来，开始产生不安，此时需要通过回顾学期成长，感受生命多样，在可贵和有限的生命中获得积极能量，促使孩子更有动力面对想做的事，因而特设计该课程。

二、教学目标

1. 情感目标：学生珍爱生命，从当下开始，主动珍惜身边的一切。
2. 认知目标：学生了解生命的成长阶段，认识它的可贵与有限性。
3. 行为目标：学生回顾成长并总结学期，感受生命的多样性。

三、教学思路

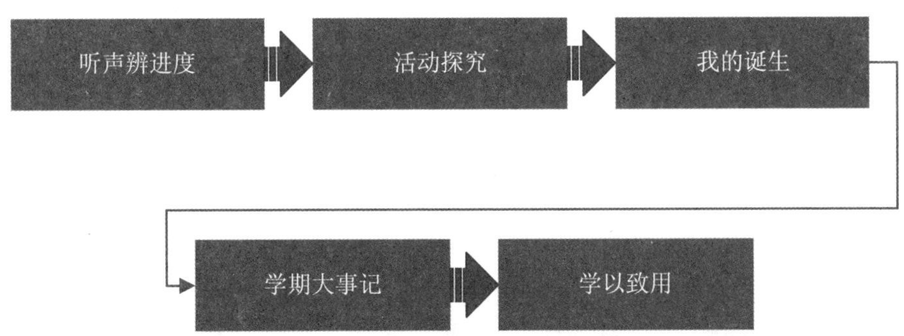

四、教学准备

多媒体课件、声音、视频素材、诞生日任务单。

五、教学过程

（一）听声辨进度

师：播放生命不同阶段的相关声音素材，让学生猜猜该声音所显示的生命进度是哪个时期（婴儿、幼童、青春期、青年、老年），引发他们对生命进度的思考。

生：听声音，回答。

师：提问学生——

1. 你怎么听出这段声音是……（某个阶段）？

2. 听完所有的声音，我们生命的进度大致是？

3. 生命进度的呈现，是不是告诉我们生命其实是有限的？

生：思考、回答。

（二）活动探究

1. 绘制诞生日

师：向学生展示自己的诞生日绘制，请学生绘制自己的诞生（出生的模样、家里成员的表现等），并贴在诞生日的任务单上。

生：观看、绘制自己的诞生日。

师：提问学生——

①关于自己的诞生，你有什么感受呢？

②假设你能看到你的诞生，会是怎样的画面呢？

生：分享。

2. 学期大事记

师：讲解诞生日绘制中的“宜与忌”部分，请学生回顾这学期的成长，写下自己学期大事记，并分享。

生：回顾、填写。

宜：这学期中积极、美好、给予力量的事件；

忌：这学期中受挫、倒霉、给予教训的事件。

（三）我想做

师：教师展示自己的生命进度条，请学生绘制自己的生命进度条。

生：绘制生命进度条。

师：播放《想见你》视频，请学生根据这学期的收获，思考未来自己还想做什么，还想与谁再见几面，并以自己为中心，按九宫格进行填写。

生：观看、填写。

六、教学建议

在学生回想诞生时刻时注意课堂氛围，并在“宜”与“忌”的解释中给予具体例子。

七、教学资源

任务单：

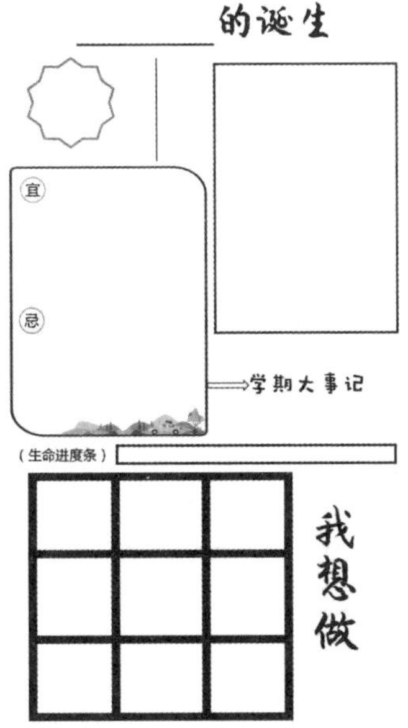

“我有时间安排小妙招”
四年级学习适应主题课程

一、学情分析

《中小学心理健康教育指导纲要》指出，中年段的学生需要增强时间管理意识，心理课程要帮助学生正确处理学习与兴趣、娱乐之间的矛盾。小学中段学生以形象思维为主，注意稳定性有所提高，情绪发展处于稳定期。四年级学生有一定的时间观念，但随着学业难度的增加，分配学习时间及合理安排学习生活和娱乐成为孩子的一个主要课题。本课通过引导学生思考对自己重要的事情，提高学生的自我管理能力，学习平衡学习和玩乐。

二、教学目标

1. 情感目标：体会到时间的可贵。
2. 认知目标：树立时间意识，培养正确的时间观念。
3. 行为目标：区分出对自己重要的事情，督促自己要事先行。

三、教学思路

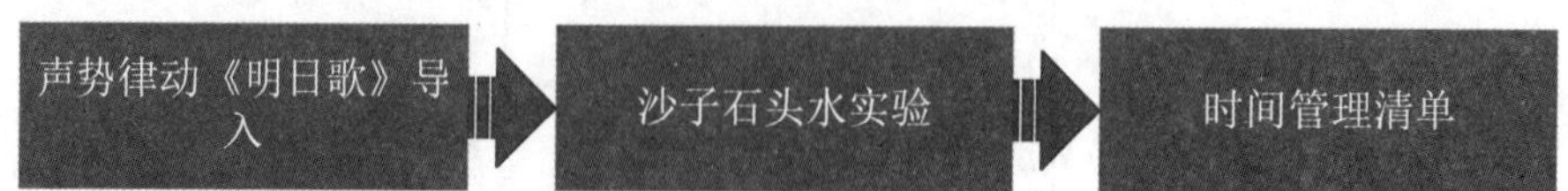

四、教学准备

实验用具。

五、教学过程

（一）课堂导入

声势律动《明日歌》。

（二）《ZEN TO DONE》

《ZEN TO DONE》是一个强调通过简化任务和专注于当下以提高效率的方法。该方法主要包含以下步骤：列出待办事项：将近期所有需要完成的任务列出来，以便有一个清晰的计划。为每个任务分配时间：为每个任务分配一个合理的时间段，确保有足够的时间。一次只关注一个任务：避免同时处理多个任务，这样可以让你更专注，从而提高效率。设定优先级：确定哪些任务最重要，优先处理这些任务。制定截止日期：为每个任务设定一个明确的截止日期，以便你可以更好地管理时间。保持工作环境整洁：一个整洁的工作环境有助于提高专注力和效率。休息和恢复：确保在工作之余给自己足够的休息时间，以便恢复精力。

学会说“不”：避免接受过多的任务，以免分散注意力。定期评估进度：定期检查自己的进度，确保你按计划完成任务。保持耐心：改变习惯需要时间，不要期望立即看到结果。保持耐心，逐步提高自己的生产力。

教师总结：我们每天都会面临很多需要处理的事情，如何合理分配时间和精力高效完成任务，十分考验人们的智慧和能力。

（三）时间管理清单

活动要求：在学习单上写下自己一天内要做的十件事情，例如起床、做作业、睡觉……

教师：介绍时间管理二八法则：20% 的重要活动投入 80% 的宝贵时间。

学生讨论：什么才是重要的事情？（可以找有才艺的同学展示才艺，让同学直观感受到投入时间的成果。）

学生：在刚刚写下的十件事情中，选出两件对自己最重要的事情，并分享说明理由。

六、教学建议

1. 实验可用生活常见物品代替，如果冻代替石头，米代替沙子。

2. 时间四象限法则对四年级的学生来说理解和操作难度较大，所以用较为简便的二八法则帮助学生合理分配时间。

“寻找心中的宝藏”
四年级认识自然主题课程

一、学情分析

同学们课外收集自然中的落叶，在课堂中用自然之物在A4纸上完成一幅属于自己的作品，并分享故事或感受。城镇学生接触自然的机会较少，本堂课让学生寻找身边的自然，运用表达性艺术治疗的理论与方法，借助图像让内在心灵世界被看见，透过创造性活动后的分享、互动、交流协助学生达到身心平衡。

二、教学目标

1. 情感目标：在捡拾落叶残花的过程中感受自然的独特。
2. 认知目标：在做剪贴画的过程中梳理自己对自然的感受。
3. 行为目标：多在生活中、自然中找到生命的美好。

三、教学思路

四、教学准备

A4纸，学生自带落叶残花、剪贴工具（胶，剪刀，彩笔）。

五、教学过程

（一）课前导入

提前要求学生在自己的生活圈（校园、小区、公园等）收集落叶或花瓣，数量不限，上课时作为道具使用。要求叶子或花瓣必须是地上捡的，不能采摘。

（二）剪贴画创造

今天这节课，我们要用自然的馈赠在 A4 纸上完成一幅属于自己的作品，同学们自主进行剪贴画创造，完成后给自己的作品取名，并附上一段说明（创作的缘由）或是故事、诗句。

（三）组内分享后，选几位同学全班分享。

分享：

1. 你捡这片叶子的时候心情如何？这片落叶和别的落叶有什么不同？
2. 这幅作品你还想分享给谁？为什么？
3. 听到别的同学分享的作品，你最有共鸣的是哪一幅？

六、教学建议

1. 需要提前布置寻找落叶残花的任务。
2. 注意引导学生表达出自己内心的感受。

"当矛盾来临时"
四年级人际交往主题课程

一、学情分析

四年级的学生在和同学产生矛盾时，容易产生口角，在自己的朋友做的事情让自己不满意时，有时会口出恶言，严重的话还会发生肢体冲突。大多数学生会产生愤怒的情绪，容易使人际关系进一步恶化。小学四到六年级的学生心理发展处于自我意识与人际交往意识增长的阶段，学生有被尊重的需要，对人际关系较敏感，因此需要加以引导。

二、教学目标

1. 情感目标：有意识地观察自己在同伴交往出现问题时的情绪，学会珍惜友谊。

2. 认知目标：认识到同伴交往中矛盾是常见的问题，应该想办法解决矛盾。

3. 行为目标：初步掌握正确处理同伴交往时的情绪问题。

三、教学思路

四、教学准备

气球若干、欢快的音乐，6 ~ 8 人一小组。

五、教学过程

（一）暖身活动：传皮球

规则：

1. 依次将皮球从前向后传，随后传到第一张桌子；
2. 不能跳过任何一个同学，必须依次传球，否则从头来过；
3. 过程中不能离开座位，除了捡球；
4. 完成后，小组第一个同学举手示意。

师：玩完这个游戏后，大家的心情如何（分别选赢家和输家分享）。

生：分享自己的心情，开心还是生气等等。

小结：在这个团队合作的过程中，有人欢喜有人生气，同样都是输的组，有人无所谓，有人因为队友的失误而生气。同伴在相处中出现矛盾是再正常不过的事，我们一起来探讨如果处理同伴相处的矛盾。

（二）团队转化阶段

规则：每个人拿一个气球，每回忆一件以前和朋友相处时产生矛盾的事情，就往气球吹一口气。直到气球要炸前，停止吹气球。手拿着气球，不要松气。

生：自由吹气球。

师：现在看着我们手中吹大的气球，想象这就是我们曾经和朋友有过的矛盾，你有什么样的感受？

生：自由分享。

师：什么情况下气球会炸掉？

生：分享。

师：如果它是生活中要气炸的人，生活中哪些小事容易让他炸掉？

生：小组讨论，小组长总结分享。

（三）团体工作阶段

规则：每个人写一件自己曾经和同学相处时的矛盾，放在盒子里。每个小组随机抽取一张纸条，结合所抽取的问题，小组合作，写出具体解决方法。

小组派代表分享。

老师讲授：①呼吸放松法（视频）；②调整认知法。

小结：很多时候，小矛盾变成大矛盾是因为没有控制好当下的情绪，特别是愤怒的情绪会使我们说出伤害对方的话语，使关系进一步恶化。因此，掌握控制矛盾的情绪特别重要。

（四）团队结束阶段

学生自由分享课程的感受，老师总结。

六、教学建议

本节课主要通过活动的形式开展，如果老师是第一次上本班课程，建议一开始签署团队契约，重在学生的体验。

“接纳我的不完美”
四年级认识自我主题课程

一、学情分析

认识自我是一个自我意识觉醒的过程，是对自己身心活动的觉察，即自己对自己的认识，具体包括认识自己的生理状况、心理特征以及自己与他人的关系。心理健康的标准之一是能够正确地认识自己，悦纳自己。认识自我是主观自我对客观自我的评价与认识。四年级学生的思维方式向抽象思维过渡，可以进行比较复杂的分析，但是这个时候的孩子受环境、家庭变故、周围的人的评价等影响较多，无法正确认识自己。因此，设计本堂课引导学生认识到金无足赤，人无完人。培养健康的心理品质，不断完善自我，散发自己独特的个人魅力，为成功奠定基础。

二、教学目标

1. 情感目标：感受到每个人都有优点和不足。
2. 认知目标：了解到每个人都有优点和不足。
3. 行为目标：通过活动学会接纳自己的不足之处。

三、教学思路

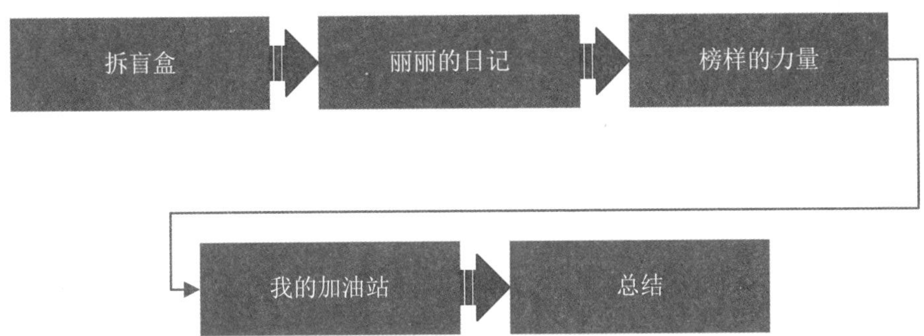

四、教学准备

加油卡。

五、教学过程

（一）课堂导入：拆盲盒

游戏规则：教师课件制作 5 个盲盒，盲盒里面会有一个词。教师拆盲盒时，学生做出比心动作，表示喜欢该盲盒；大声说出"NO"，表示自己不喜欢该盲盒。

盲盒里面的形容词为学习成绩优秀的、有许多朋友的、受欢迎的、皮肤黑黑的、唱歌不好听的……

师：引导学生认识到在现实生活中有些不足我们无法选择和改变，顺势引入课题《接纳我的不完美》。

（二）主题活动 1：丽丽的日记

我是一个个高的女生，但是我的皮肤很黑，遗传了我的爸爸。我的各科成绩都非常不错，老师很喜欢我，也经常在各种竞赛中拿到优秀的名次。但是有一次我参加了学校的六一表演歌唱节目，由于五音不全，唱得很不理想，结果没有拿到名次，害得我们班的奖状泡汤了。哎， 我真差劲，我什么都做不好，我再也不想参加任何比赛了。我以后再也不唱歌了。

师：故事中的丽丽有哪些优点和不足呢？你想对丽丽说些什么呢？

师总结：从学生的回答中引导学生接受不完美的自己，不能因为一些缺陷就否定自己。

（三）主题活动 2：榜样的力量

教师举名人正视自己的不足而取得辉煌成就的实例。

亚里士多德：沟通能力有障碍，但他是位有名的哲学家。

凡·高：受情绪困扰，但他在画坛上的成就却是超凡的。

罗斯福：下肢残疾，但他带领美国人渡过困难期。

海伦·凯勒：失聪，但她的内心却不凡。

爱因斯坦：曾遇上学习障碍，但是在科学上的成就有目共睹。

贝多芬：失聪，但他是乐坛上的巨人。

师：他们之所以取得成功的共同点是什么？

师总结：没有人是完美的，对于不足之处我们必须积极勇敢地面对，要激励自己重新振作起来，更新自我，发展自我。

（四）主题活动 3：我的加油站

活动要求：请同学们与同桌讨论自己的不足之处，并商讨该如何应对，在加油卡上参考如下语言为自己加油。

我是______________，虽然我有不足之处________________，但是我可以____________________，我接受自己的不完美，我为自己加油。

师：引导学生发现自己的不足之处，可以改变的就积极改变，不能改变的就欣然接受，允许不完美的出现。

师：一个人的心理是否健康，有一个重要指标就是能不能接受自我。每个人都有不足之处，关键在于如何看待，金无足赤，人无完人，不完美，也接受。

六、教学建议

在“我的加油站”环节，教师要进行巡堂，观察学生的作品，引导学生勇敢接受无法改变的不足之处。对于可以改变的，则要引导其完善自我，更新自我。

七、教学资源

1. 电影《奇迹男孩》；
2. 绘本《故障鸟》；
3.《接纳不完美的自己》。

“我的时间，我做主”
四年级高效学习主题课程

一、学情分析

时间管理是指通过事先规划和运用一定的技巧、方法与工具实现对时间的灵活以及有效运用，从而实现个人或组织的既定目标的过程。培养学生的自主学习能力可以从强化时间观念、培养学生的时间管理能力入手。对于四年级学生来说，他们的时间管理意识不强，自控能力较差，容易被其他事物所吸引。随着学习难度的增加，他们不知道该如何合理安排时间，从而导致学习效率下降。本课旨在通过一系列活动，让学生意识到时间管理的重要性，学会珍惜时间，合理安排时间。

二、教学目标

情感目标：感受时间管理的重要性，树立正确的时间观念。
认知目标：了解事情的轻重缓急，增强时间管理意识。
行为目标：学会珍惜时间，学习时间管理四象限法则，合理安排时间。

三、教学思路

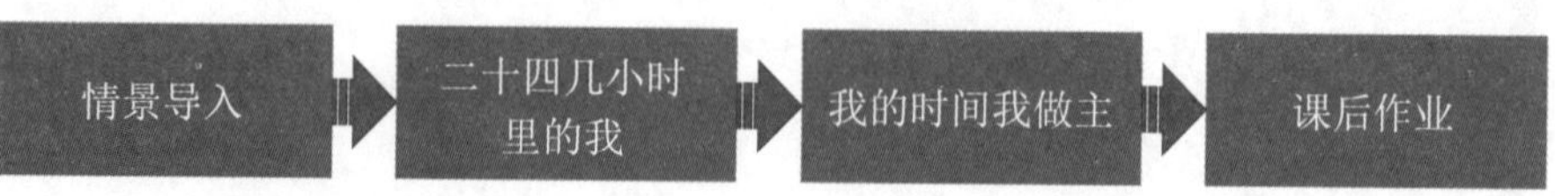

四、教学准备

每位同学提前准备一张有着 24 个刻度的纸条。

五、教学过程

（一）情景导入

情景：李阿姨来小明家做客，小明要给阿姨沏茶。沏茶需要做的事情和时间分别是：烧水八分钟，洗茶壶一分钟，洗茶杯两分钟，接水一分钟，沏茶一分钟，找茶叶一分钟。

提问：

1. 小明需要做哪些事情？分别需要多长时间？

2. 如何安排这些步骤，才能用最短的时间让客人尽快喝上茶？

生：回答。

师：在烧水的同时把洗茶杯和找茶叶三件事情同时完成可以有效节约时间，引入“我的时间，我做主”主题。

（二）二十四小时里的我

规则：每位同学准备一张有着24个刻度的纸条，每一等份代表1小时。接下来请按照老师的要求去撕纸。

1. 把你每天用于晚上睡觉和中午午休的时间撕掉。假如你每天睡9小时，就撕下9格；

2. 把你每天用于吃饭（早、中、晚）、洗澡、课间休息的时间撕掉。假设是3.5小时，就撕下3格半；

3. 把你每天跟朋友一起玩、聊天甚至发呆的时间撕掉，大概也是三分之一的时间；

4. 把你每天不专注、不认真学习、上课开小差的时间撕掉；

5. 把你每天看课外书、玩手机、看电视的时间撕掉；

6. 把你每天上下学花费的时间撕掉；

7. 把你每天课后进行体育锻炼的时间撕掉。

提问：

1. 你们看看手中还剩下多少时间？

2. 剩下的时间你都是用来学习吗？

3. 和你撕去的时间相比较，你有什么感悟？

师：结合学生的回答进行总结，唤醒学生珍惜时间的意识，使学生愿意主动学习时间管理的方法。

（三）我的时间我做主

1. 学会记录时间

师：带领学生对比小美和小东在同一时间段做的事情有什么不同。并向学生讲述如何根据表格记录自己每天的时间安排，进而对自己可支配的时间进行合理地规划和安排。

2. 时间四象限法则

师：出示分析案例《小明的一天》。

星期天，小明同学起床后打算好好学习一天。9点钟他准时坐在书桌前，心想：先做数学作业好呢，还是先做英语作业呢？英语明天还有考试，要好好复习一下；语文要写一篇作文，周二上交，先做什么呢？犹豫了好久，小明决定先把书和作业本找出来。10分钟后他找出所需要的东西，刚要坐下时他看到凌乱的桌面，心想不如先收拾整理，为今天的学习提供干净舒适的环境。20分钟后书桌变整洁了，他满意地到客厅喝水稍作休息，无意间发现杂志上的图片十分吸引人，便拿起来看，看了一页又一页，不知不觉已经10点多了。

好不容易能开始做作业了，可刚坐下便有同学来电话与他无边无际地聊了约30分钟。挂上电话，见弟弟在一旁玩游戏，便与弟弟一块儿玩起来，毕竟一个星期没好好与弟弟一起玩了……很快就到了12点。他想写作文是颇费脑筋的，没有比较完整的时间是难以写好的，倒不如下午再好好写，于是就去吃饭了。午饭后，他马上回房间做作业。可是才一会儿，眼皮就开始打架，他想平常这时候也正是午睡时间，今天反正是星期天就好好休息吧，于是放心睡了。一觉醒来已是下午3点多，他果然感到精神充足，打开电脑上网，关机时已快5点。这下他着急了，这可怎么办呢？赶紧做明天要交的作业吧！作文周二交，明天再作打算好了。英语考试还没复习呢！唉！只能明天临时抱佛脚了！

分享：

（1）为什么小明在这一天里什么都没有做好呢？学生交流分享。

（2）如果你是小明，你会最先做什么事情呢？为什么？学生举手发言。

师：根据学生回答引出并介绍“时间管理四象限法则”。

（1）紧急且重要；

（2）重要但不紧急；

（3）不重要也不紧急；

（4）紧急但不重要。

规则：根据“要事为先”的原则，帮助小明把今天要做的事情排序：

①数学作业 ②英语作业和复习 ③写作文 ④找书和作业本⑤整理桌面⑥看杂志图片 ⑦电话聊天 ⑧与弟弟玩 ⑨午睡 ⑩上网

师：根据学生回答进行总结，强调要遵循“要事为先”的原则来合理安排时间。

（四）课后作业

布置实践小练习《____月____日时间管理表》。

六、教学建议

在上课之前把课后作业提前打印出来发给学生。在上一节课告知学生提前准备一张有着24个刻度的纸条。

七、教学资源

时间管理表：在表格中填写你的任务和活动，然后根据优先级和截止日期进行安排。你还可以使用不同的颜色来表示不同类型的任务，例如工作、学习、家庭、锻炼等。

____月____日时间管理表			
时间段	任务	如何克服困难	是否顺利完成

“感受情绪能量”
四年级情绪调适主题课程

一、学情分析

小学中年级开始有自己的想法和主见，这个时期的主要目标是引导学生在学习生活中感受解决困难的快乐，学会体验情绪并表达自己的情绪。让四年级学生感受情绪的能量，是值得研究的一课。

二、教学目标

1. 情感目标：体会积极情绪。

2. 认知目标：认识情绪的多样性，简单了解积极情绪和消极情绪的定义，认识积极情绪的作用。

3. 行为目标：掌握保持积极情绪的方法。

三、教学思路

四、教学过程

（一）课堂导入：情绪大比拼

师：全班分为四个小组，分别为“喜”队、“怒”队、“哀”队、“惧”队；各队围绕自己的主题，集思广益，写出有关这个情绪的词语，看哪一组说出的词语多，每组 1 分钟时间。

学生回答。

教师小结：我们在学习和生活中会出现各种情绪，情绪分为积极情绪和消极情绪，积极情绪可以让我们身心愉悦，提高我们的人际关系和学习效率。

（二）七嘴八舌说情绪

师：同学们最近体会过什么情绪？最喜欢什么情绪？最不喜欢什么情绪？

学生分享情绪感受。

教师小结：我们都喜欢使我们开心愉悦的积极情绪，因为这时候的我们充满正能量，眼里的东西都是美好的。

（三）“天使”与“恶魔”

师：我们每个人的大脑里都住着“天使”和“恶魔”，小恶魔出现就会让你有消极的情绪和感受，小天使出现就会让你有积极的情绪和感受。

情景：这次考试，退步了。

恶魔和天使分别会对你说什么？你听完后心情是怎样的？

写一写：“天使”和“恶魔”都会怎么想。

今天来上学，和我玩得最好的朋友突然不理我了。

天使：________________恶魔：________________

回到家，爸爸妈妈因为我而吵架了。

天使：________________恶魔：________________

今天的作业很多了，数学老师又发了一张大试卷。

天使：________________恶魔：________________

学生回答。

师：请同学们思考，同样的一件事为什么有两种情绪？你觉得你的快乐和悲伤是别人造成的吗？

学生思考并回答。

教师小结：同样一件事，不同的人会产生不同的情绪体验，这是因为我们对事情的看法不同。我们对事情的看法决定了我们所产生的情绪体验，这是著名的情绪 ABC 理论，五年级时会学到。

（四）寻找最快乐的人

师：寻找班级中经常保持快乐的人，找找他们快乐的秘诀。

学生回答。

教师小结：积极情绪可以让人更受欢迎，更有创造力。

五、教学建议

本节课活动较多，且四年级的学生好胜心强，后面比赛的小组时间上相对会多一些，前面小组的同学可能会有意见，因此教师在情绪大比拼活动中要保持公平公正。

“体悟生命”
四年级生命教育主题课程

一、学情分析

每个人都会经历分离、丧失。小学生虽小，但他们也有经历这些的可能性。或许他们现在还未经历过亲人的离世，但也许经历过饲养的宠物或养殖的植物的死亡，经历这些事情时，可能会常有悲伤、担忧等情绪。帮助学生学会如何看待生与死，是生命教育的一个重要课题。通过本节课的学习，希望学生不仅能感悟生与死，还能够理解在分离中产生的情绪，并尝试寻找到缓解这些情绪的方法，最终懂得珍惜眼前的人、事、物。

二、教学目标

1. 情感目标：通过绘本故事感受生离死别，体验面对重要他人离世时难以忘怀的悲伤、痛苦。

2. 认知目标：通过绘本故事和手绘故事了解到生命的有限性，明白人生的每件重要事情都是有意义的。

3. 行为目标：通过书写体悟，理解生命和死亡，积极看待生命长度的终止与延续。

三、教学思路

四、教学准备

《来不及说再见》视频、学习单。

五、教学过程

（一）阅读故事，感悟生命

师：提醒学生本节课将讨论的话题是特别和严肃的，需要学生保持尊重、开放、包容的态度，并积极参与课堂。

师：播放视频《来不及说再见》，提醒学生用心观看，感受细节。

视频播放结束后，引导学生思考下列四个问题。

1. “变成天使飞走了”是什么意思？
2. 小灯泡到来时，姐姐和爸爸妈妈的心情是怎样的？
3. 面对小灯泡的离去，姐姐和爸爸妈妈会有怎样的感受？
4. 对于这个故事，你有什么想法？

生：思考问题并分享想法。

小结：每个人对于生命都有着不同的看法。但很多时候，对于生命的开始和结束，我们不一定有机会做好准备。现在给我们自己一个计划，学习欢迎生命的到来，学会告别生命的离去。

（二）手绘故事，感受生命

活动指导语：每个人的生命中都会经历让我们难忘的事情。请同学们回顾一下，在我们生活的这几年中，我们是否经历过一些跟生命相关的事情，在这些事情里有哪件是最令我们难忘的。给同学们一首歌的时间回顾过去，并将这件事情画在学习单上。不需要画得十分好看，只需要同学们将这件事情表达出来即可。

生：在学习单上绘画自己的生命故事。绘画结束后，进行分享。

师：通过学生的分享，引导学生感受这些故事带给自己的情绪体验，明白生命的意义是可以被创造、被期待的。

（三）书写体悟，珍爱生命

活动指导语：请同学们用心感受一下，在绘画的过程中我们内心有哪些感受？回顾过去，这件事情发生时，你还记得你的心情是怎样的吗？这件事情让你对生命产生怎样的想法？请同学们将你们的感受和想法写在学习单上。

生：书写体悟，并分享。

师：通过学生的分享，进行适当的引导并小结。

（四）课堂总结

每个人对于生命都有自己的认识。但不管对生命抱有何种看法，都希望我们能够尊重、敬畏生命。过去的事情让我们的人生更具意义，因此对于过去，我们要学会接纳与珍藏；但相比过去而言，更重要的是当下和未来。我们要全神贯注感受当下，满怀好奇探索未来，生命才会变成自己想要的独特的样子。

六、教学建议

1. 注意关注学生的情绪

学生在分享感受的过程中，可能会有分享的故事给他带来的是悲伤或消极的情绪体验，这个时候教师需注意引导并关注学生的情绪。有需要的个别学生，可以在课堂结束后继续关注并跟进。

2. 注意强调课堂要求

在学生分享故事的过程中，需更强调课堂要求。对于同学的分享要做到认真聆听，尊重他人，并且做到保密，课后不传播同学分享的故事。有些同学分享的故事可能比较隐私，需要教师给予足够的安全感，为学生营造安全的课堂氛围。

七、教学资源

1.《来不及说再见》视频资源。

2. 学习单

“学习单：绘制你的生命故事”是一种创意性的自我探索活动，通常用于教育或心理辅导环境中。这个活动鼓励个人通过绘制时间线来反思和表达自己的生活经历和重要事件。活动步骤如下：

①准备材料：准备一张空白的纸（可以是普通的白纸、彩色纸或画布），彩笔，标记笔，贴纸，图片剪贴等绘画和装饰材料。

②创建时间线：将纸横向或纵向展开，在纸的中间画一条直线，代表时间线。在时间线的开始处写上你的出生年份，结束处写下当前年份或预期的生命周期结束年份。

③标记重要事件：回忆生活中的重要时刻，如家庭事件、教育成就、职业变化、旅行、重大挑战和成功等。

④描述事件：在每个点旁边简要描述事件，也可以详细记录感受和想法。

⑤反思和分享：完成时间线后，反思整个生命故事。思考哪些事件对你影响最大，你从中学到了什么，以及你希望未来的生活是什么样子的。

⑥保存或展示：将你的生命故事保存在安全的地方，留念。

“成长地图”
四年级其他主题课程

一、学情分析

小学四年级学生处于成长关键期，学习从被动向主动转变，同时辨别是非的能力有限，社会交往的经验缺乏，在各个方面可能会遇到难以解决的问题。本节课旨在帮助学生初步体会树立目标、制订计划的好处，加强自我管理能力。

二、教学目标

1. 情感目标：体验到节日仪式感及梳理经验带来的获得感。
2. 认知目标：认识总结经验的积极作用。
3. 行为目标：初步培养总结、反思意识，应用到生活中。

三、教学思路

四、教学准备

要求学生自备一张纸 / 心理本。

五、教学过程

（一）回顾课程

师：带领学生回顾过去一学期的上课内容，简单复习知识点，询问学

生最喜欢 / 印象最深刻的一节课。

生：思考、分享。

（二）绘制地图

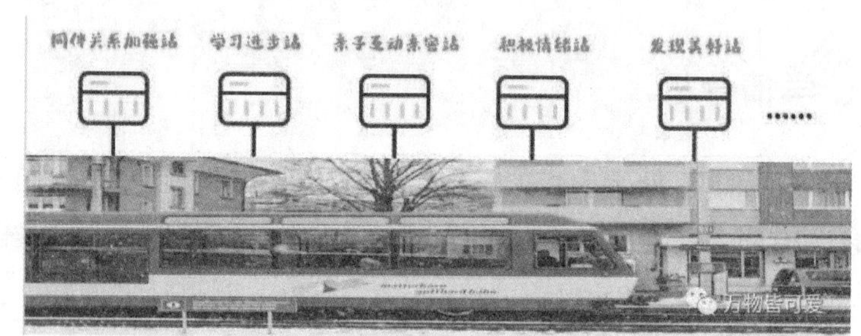

师：引导学生在列车途经的站点上写下过去一年中在同伴关系、亲子关系和学习生活等方面经历过的难忘事件，这些事件往往伴随着成长或变化。

生：完成活动并分享。

（三）如果能重来

师：引导学生回顾过去一年发生的事件，除了小确幸，是否有遗憾？如果能重来，学生会做些什么？

生：思考、分享。

（四）成长指南针

师：提醒学生过去的一年已经无法重来，但是下一年可以有机会做得更好，引导学生结合过去的遗憾和诉求判定下一年的目标，并写出切实可行的方法。

六、教学建议

第二环节中的“站点”，教师可以根据实际情况调整站点名称，或者添加更加具体的点。

“战胜拖延小怪兽”
四年级学习适应主题课程

一、学情分析

拖延行为是一种消极的行为习惯，通常指推迟开始任务的时间或者延迟完成任务。小学中段学生身心仍处于发展阶段，注意力具有不稳定的特点，易受外界干扰。当有感兴趣的刺激出现时，容易控制不住自己，长期下来则会形成拖延的习惯。本课旨在引导学生认识拖延行为的不良影响，学习克服拖延的方法。

二、教学目标

1. 情感目标：体会拖延行为给学习和生活带来的影响，树立时间意识，今日事今日毕。

2. 认知目标：认识拖延行为以及行为所带来的不良后果。

3. 行为目标：通过活动找到适合自己的克服拖延的方法。

三、教学思路

四、教学准备

教学 PPT、短视频、白纸。

五、教学过程

（一）视频导入：《开学前的寒假作业现场》

师：播放短视频，询问学生是否也有视频中“一支笔，一盏灯，开学前夕创造奇迹”的现象，由“赶寒假作业”引出拖延主题。

（二）案例分析：小林的假期生活

案例《小林的假期生活》

场景一：“耶！放寒假啦，我先好好玩几天再写作业吧，反正还有好多好多时间。计划一下先玩什么好呢……”

场景二：转眼间假期过去了一半，小林的作业只字未动。妈妈提醒小林抓紧时间完成作业，还有两周就开学了。小林心想：以我的速度每天做一点也来得及。于是小林写一会儿作业就吃点东西，上个厕所或者去客厅刷会儿妈妈的手机。由于总是走神，拖拖拉拉，小林每天只能完成预定作业量的一半。

场景三：“这可怎么办呀，明天就要检查作业了，写不完了。唉，早知道就先写作业了，怎么时间过得那么快呀！下个假期我一定不拖延了，我要……”

师：看了小林的假期生活，同学们有什么感想？你在假期生活中存在类似拖延的现象吗？这些拖延行为给你带来了什么？

生：思考、分享。

师：通过案例分析讲解什么是拖延行为，帮助学生意识到自己身上存在的拖延现象。结合自身的拖延现象，讨论交流拖延行为带来的影响。

（三）绘画：拖延小怪兽

师：请学生以绘画的形式呈现自己的拖延小怪兽，并在画作下方给小怪兽起名，写出小怪兽经常出没的场景以及出现的原因；进行小组讨论，推举代表进行班内分享。

（四）课堂小结

师：总结学生画作中常出现的拖延场景及共性原因，分享克服拖延的方法，并鼓励学生进行补充。

1. 改变观念，把“等一等”变为“立刻做”；

2. 自我管理，将干扰源暂时隔绝，保持专注；

3. 适当奖励，提高动力。

六、教学建议

时间充裕的情况下可以增加《明日歌》，联系本课内容强化学生的时间意识。

七、教学资源

视频资源：《开学前的寒假作业现场》。

参考资料：

绘画环节参考小红书平台账号：三位心理老师的成长记录。

“起点”
四年级生涯规划主题课程

一、学情分析

每个时期都会有不同的梦想，想象自己要成为伟大的科学家、气质高雅的艺术家……四年级学生正处于生涯启蒙期，对“为什么上学”这一问题的思考不足。从马斯洛需要层次理论来说，如果读书仅仅是为了底层的生理需要、安全需要，没有归属与爱（回报父母）、尊重（出人头地）、自我实现（我的梦想）等的高级需要，可能会出现产生厌学情绪或上课积极性不高的问题。所以，告诉学生更多关于读书的意义，让他们带着对未来的期待，开启生涯启蒙的一课。

二、教学目标

1. 情感目标：感受到读书给人生带来的不同，激发学生的学习热情。
2. 认知目标：了解到读书的意义，理解读书赋予我们选择的权利。
3. 行为目标：思考和探索自身的梦想。

三、教学思路

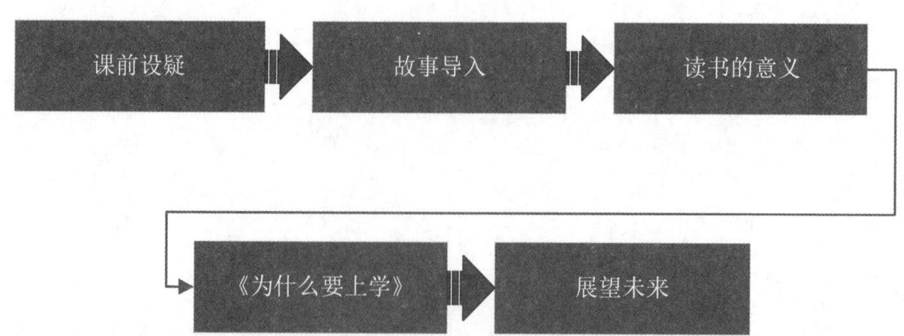

四、教学准备

PPT、情景剧《为什么上学》、视频《生存 VS 生活》。

五、教学过程

（一）课前设疑：梦想的起点是哪里

师：大家觉得，梦想的起点是哪里呢？

生：“在梦里”“是我出生的时候”“是我看到一个人，并想成为那样的人”“是上学的时候”“是学校”……

小结：每个同学对梦想的理解都不一样，但是大家想一想我们是如何去实现梦想的，是不是都要通过上学实现？有没有哪一个梦想是不用上学就可以实现的？

生：自由分享。

小结：答案一般有两种。

一种是真的不用上学就可以做的事情，比如搬砖，打扫卫生，乞讨，干饭……答案无奇不有，这个时候就要反问一下学生：“你们说的这些是梦想吗？有谁的梦想是这样的？”

另一种是他们认为不用上学就可以实现，但实际上并非如此，比如电竞玩家，种地，养猪……这个时候就要给学生解释一下他们对一些职业的误解，可运用一个小学文化的人卖猪肉和北大高材生卖猪肉结局的例子。

（二）故事导入：砌砖工人的故事

师：有人曾问三个砌砖工人：“你们在做什么？”

A. 我在砌砖。

B. 我正在盖一座大楼。

C. 我正在建造一个新的城市。

教师提问：

1. 如果你是这几个砌砖工人，你会怎么回答？

2. 若干年后，他们的结局是否一样？

3. 为什么会出现不同的结局？

生：自由分享。

（三）读书的意义

师：作为学生，你们为什么来学校？你们觉得读书的意义是什么？

生：自由分享。

师：你们分享的这些理由如果不上学也能实现的话，你还会选择来上学吗？比如有些同学的梦想是找一份好工作，有一个不错的收入，过上想要的生活，正好这个人家里有一个家族企业，他长大之后就可以轻松进入家族企业工作，并继承巨额家族财产，那他还要读书吗？

生：自由分享。

师：思考一下，读书和不读书对他来说，有什么区别？如果有一天他的家族企业倒闭了，他的结局会怎么样？

小结：如果不读书，他的人生便只有继承家业这一条选择，如果家族企业倒闭了，他可能就要流落街头了；而相反，如果他读了很多书，拥有知识和能力，即使他的家族企业倒闭了，他仍然有很多选择，可以去做其他的工作养活自己，这就是读书和不读书的区别。

（四）什么是选择权

师：我们有很多选择，但我们依旧选择读书，读书赋予我们选择的权利。

观看情景剧《为什么要上学》。

生：分享感想。

师：同学们是否能理解到读书是如何赋予我们选择权利的呢？如果不能，相信大家看完这个视频，就能理解了。

生：观看视频《生存 VS 生活》。

小结：不读书就没有选择权，没有选择权便只能艰难生存，只有拥有了选择权，我们才可以去做自己想做的事情，过理想的生活。但正如情景剧所说，职业没有高低贵贱之分，保安、清洁工等这些工作并不丢人，他们不偷不抢，靠自己的双手挣钱，一点也不丢人。

（五）展望未来

思考：

1.10 年之后，你在哪里？

2. 如果你在读大学，想一想你可能在哪所学校，读什么专业。

3. 如果你已经开始工作了，想一想你在从事什么工作。

六、教学建议

情景剧环节可考虑各班实际情况，进行提前排练或现场表演。由于父亲的台词比较多，可以考虑找两个人来扮演父亲；另外，父亲和儿子不一定就是男生扮演，女生也可以。

七、教学资源

1. 情景剧《为什么要上学》。

2. 视频《生存 VS 生活》。

参考资料：

1.《心理健康教育教学参考》。

2. 公众号：“心理加油站”“心理的加油鸭”。

“外号粉碎机”
四年级人际交往主题课程

一、学情分析

外号一般是根据人的特征、特点或体型给他人另起的非正式名字，大都含有亲昵、开玩笑、憎恶或嘲弄的意味。小学生通过起外号和别人开玩笑是一种普遍现象，但是不少学生因为被起外号而感到尴尬、苦恼、自卑等。学会应对恶意外号有助于提高学生的人际交往能力，从而提高心理健康水平。

二、教学目标

1. 情感目标：让学生感受恶意外号带来的伤害，学会换位思考，懂得尊重他人。

2. 认知目标：让学生识别善意外号和恶意外号，明确人际交往的边界。

3. 行为目标：在生活中，能够积极应对外号。

三、教学思路

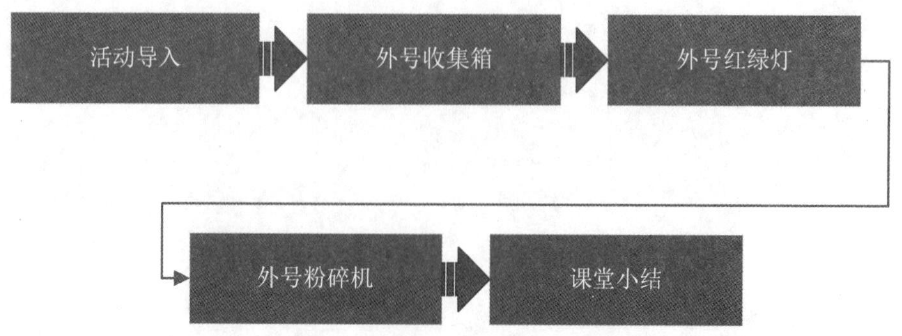

四、教学准备

PPT、白纸若干、小纸箱。

五、教学过程

（一）活动导入——说谁指谁

规则：老师喊到某位同学的名字，所有人指向该同学。该同学必须迅速站起来，并说出下一个名字。下一位同学迅速站起来，以此类推。反应太慢的同学大声喊三遍自己的名字。

师：为什么同学们可以迅速反应别人在叫自己？

生：思考、回答。

师：我们每个人有几个名字？

生：思考、回答。

师：有同学说自己有好几个名字，那么刚才我们说的是同学们的哪个名字？

生：思考、回答。

师：我们每个人只有一个正名，除了正式名字以外，其他都是外号。

（二）外号收集箱

师：在生活中，你被别人起过外号吗？如果有，请把外号写在纸上，并作标注，yes 表示接受，no 表示不接受此外号；如果没有，则写上你听过的印象最深的一个外号。写好后放进收集箱中。

生：思考并完成操作。

师：收集到的外号会有“好的喜欢的外号”和“不好的讨厌的外号”，根据实际情况拿出一部分与学生讨论，并进行简单分类：善意的昵称和恶意的侮辱性外号。

（三）外号红绿灯

规则：PPT 展示若干外号，学生两两进行猜拳，赢者可以选取三个词语称呼对方。如果能接受称呼，请做出“绿灯”动作（举高双手，高于头顶做出爱心的形状）；如果不能接受，请做出“红灯”动作（双手交叉放在身前）。

师：邀请学生分享被别人喊到的三个外号，分别有什么感受。

生：思考、发言。

师：同样的外号，为什么有的同学能接受，有的同学不能接受？

生：思考、发言。

师：（小结）对于外号，每个人有自己的心理边界，当玩笑让别人不舒服甚至造成伤害时，就已经不是玩笑了。希望同学们在人际交往过程中，既能守住自己的边界，对恶意外号勇敢说“不”，又能尊重别人的边界，不随意起外号。

（四）外号粉碎机

师：你是否曾经给同学起过外号，或者跟风叫过别人不喜欢的外号？我们已经体会到恶意性外号的伤害，如果你意识到自己可能曾经伤害到同学，你想对他说什么？现在写下来，课后交给他。

生：按要求完成。

师：如果被别人起了不喜欢的外号怎么办？

生：讨论、发言。

师：（小结）置之不理；严肃拒绝；寻求帮助。（最后邀请两位学生现场进行“外号粉碎行动”，即把收集箱里的外号清理干净。）

（五）课堂小结

师：每个人都有一个名字，在人际交往中，我们应该礼貌称呼别人的名字，这样别人也会相应礼貌地对待我们。当被别人取了外号自己不接受时，要勇敢拒绝。如果仍然有外号烦恼，要及时寻求老师或家长的帮助。

六、教学建议

为了避免课堂中出现的外号对当事人造成再次伤害，老师需要充分强调心理课堂规则，及时关注异常动态。

参考资料：

公众号“干饭人的心理杂货铺”之《一节关于绰号的心理课》。

“快乐常相伴”
四年级情绪主题课程

一、学情分析

从小培养小学生积极乐观的心态，不仅有利于身心健康，还能促进健全人格的发展。本课旨在帮助学生树立起乐观向上的生活态度，增强他们对快乐情绪的体验，学会笑对人生。

二、教学目标

情感目标：感受到“快乐其实很简单”，培养积极的生活态度。

认知目标：认识到快乐是会传染的，懂得平凡的生活中有很多令人快乐的事情。

行为目标：能够结合五感法找到令自己快乐的事情，有意识地创造快乐。

三、教学思路

四、教学准备

PPT、彩色笔。

五、教学过程

（一）课堂导入

出示一些和笑有关的词语，请同学们根据词语表演。词语如下：微笑、笑眯眯、眉开眼笑、捧腹大笑、哈哈大笑、笑里藏刀、皮笑肉不笑等。

憋笑挑战游戏规则：同桌双方看着对方的眼睛，保持15秒不笑，即挑战成功。

师：为什么看到有人笑了，我们也会跟着笑呢?

生：回答。

师：我们的笑是有感染力的，快乐会传递给别人。

（二）我的快乐清单

播放轻音乐，学生在轻松愉悦的状态下完成“我的快乐清单”。

当我看到______________________，我感到快乐。

当我听到______________________，我感到快乐。

当我摸到______________________，我感到快乐。

当我闻到______________________，我感到快乐。

当我吃到______________________，我感到快乐。

师：快乐其实很简单，我们平时可以多留心观察身边美好的人与事情，做更多让自己和身边人感到快乐的事情。当更多快乐的记忆留在我们心中时，我们就可以收获更多更长久的幸福。

（三）快乐分享会

小组内分享快乐清单，每组推选一名同学上台向全班展示。

分享卡瓦菲斯的诗：“但愿你的道路漫长，充满奇迹，充满发现。但愿你的道路漫长，但愿那里有很多夏天的早晨。”

师：平凡的生活有很多令人快乐的事情，让我们用心发现身边的美好，并用行动创造更多的快乐。

六、教学建议

若有学生想不到生活中有哪些快乐的事情，教师可以多举例子，引导学生从生活中的小事入手。若最终还是有学生想不出快乐的事，教师要在课后适当关注该学生。

七、教学资源

奥地利科学家的一项调查显示，现代人笑得越来越少了。其实，要想做到笑口常开，就要有意识地做一些努力。可以培养以下习惯：每天早晨起来对着镜子给自己一个笑容；遇到朋友、同事或者匆匆行走的路人，要尽量对他们微笑；多结交乐观的朋友，遇到快乐的事情一定要与周围的人分享，也耐心聆听他人快乐的事情，因为笑能传染；如果你性格内向不爱笑，可以尝试看些喜剧片或笑话，并尝试讲给别人听；有颗豁达的心，凡事多往好的方面着想；强迫自己笑，慢慢的，笑就会变成一种习惯。

“做生活的小主人”
四年级认识社区和社会主题课程

一、学情分析

《中小学心理健康教育指导纲要》指出，使学生学会学习和生活是心理健康教育的目标之一。本课将从实际生活入手帮助学生认识到劳动是一种美德，做一些力所能及的家务事是家庭责任感的体现，培养学生的劳动意识和责任意识，为后续社会生活做准备。

二、教学目标

1. 情感目标：培养学生的劳动意识和责任感。
2. 认知目标：认识到劳动是一种美德，了解劳动的益处。
3. 行为目标：从力所能及的家务事入手，养成热爱劳动的习惯。

三、教学思路

四、教学准备

教学 PPT、自制劳动标兵标识。

五、教学过程

（一）谈话导入

师：通过聊天了解学生平时/假期做家务的情况，由“做家务”引出“劳动”主题。

1. 家中做家务最多的人是谁？

2. 你平时在家里做家务吗？都会做哪些家务？家庭是社会的缩小版，让我们尝试做一次生活的小主人。

（二）小组活动：评选劳动标兵

师：思考并记录自己一周的劳动清单，小组交流，评选出组内的劳动标兵，进行班级分享并颁奖。分享时着重交流感受，从做家务中体会劳动的成就感与快乐以及个人对于家庭的责任感。

1. 上周做了哪几项家务事？选择一件印象最深刻的分享。

2. 过程中有遇到困难吗？

3. 完成后的感受如何？

生：思考、分享。

（三）劳动益处多

师：播放视频《做家务的孩子 VS 不做家务的孩子》。分享视频中研究的调查结果，帮助学生了解做家务的益处，并请学生分享自己的体会。（配合板书）

（四）布置作业

思考：生活中还有哪些力所能及的劳动项目？

六、教学建议

为了更易于学生理解，教师可提前将视频中提到的调查结果制作成表格或图片的形式，更加直观地展现劳动的好处。

七、教学资源

视频资源：《做家务的孩子 VS 不做家务的孩子》。

参考资料：

谢维兴、朱林，《中小学心理健康教育课课堂实录 45 例》，福建教育出版社，2018 年 6 月。

“但是人生，复原成长”
四年级其他主题课程

一、学情分析

四年级的孩子正处于儿童期的后期阶段，在从被动学习向主动学习转变，有了自己的想法，但辨别是非的能力还有限，社会经验缺乏，经常会遇到难以解决的问题。这是不安的开始，如果不注重引导，孩子可能会因为一些小的困扰而影响自信心的树立。但通过正确的引导，就可以将不安转化为对自然和社会的探索激情和求职欲望，因而特设计该课程。

二、教学目标

1. 情感目标：学生能够正确理解生命中遇到的挫折和困难，用乐观积极的心态主动探索人生的多种可能性和资源。

2. 认知目标：学生理解 3I（我是、我能、我有），认识到自己是人生的主人。

3. 行为目标：学生能够将 3I 理论应用到日后的生活、学习。

三、教学思路

四、教学准备

多媒体课件、3I 奶茶的任务单。

五、教学过程

（一）蛋事（但是）人生

师：讲述蛋事人生的故事。

故事：

生鸡蛋和熟鸡蛋是一对好朋友。由于考试成绩不理想，他们相约去蹦床馆解压。跳着跳着，突然……

蛋清和蛋黄一点一点地流在了蹦床上……

后来生鸡蛋碎在了蹦床上，而熟鸡蛋除了外壳有点破碎，里面却完好无损。

生：听故事，思考。

师：提问学生——

1. 请问他们后续发生了什么故事？
2. 请问谁的蛋清蛋黄流出来了呢？
3. 请问为什么生鸡蛋和熟鸡蛋的结局不同？
4. 他们之间的区别是什么？

生：思考、回答。

（二）心理复原力

师：讲述心理复原力的定义。

心理复原力：

指人们遇到压力、困难或挫折情境时，能够有效应对，从困境中恢复甚至反弹的能力。

生：理解。

师：提问学生——

1. 请问心理复原力有哪两个特征呢？（遭遇困境或挫折，如何积极应对？）
2. 我们在面对困境时可以怎样积极应对呢？

生：分享。

师：讲解3I理论：I have——父母支持，朋友支持，老师引导，有好的学习榜样等等；I can——能够坚持，善于自我反思，善于调控自己的情绪，能够沟通与倾听，能够管理自己的行为，善于求助；I am——乐观积极，对自己有信心，做事有毅力，有恒心，对未来有计划并对其能够实现充满希望。

理论：

国际著名的抗挫力研究项目（IRRP）发现，当我们在面临困境，或者在日常生活中能充分挖掘自己的三个“我”要素时，会增强我们应对困境的能量和勇气。这三个“我”分别是：I have，I am，I can。“I have”是指个体的外在保护因素，包括积极关怀的连接关系、无条件的积极关注、合理的期望、参与机会等。外在保护因素对青少年而言至关重要，有助于青少年以积极的方式重造身份，体验到被爱的幸福，体现价值。“I am”是指个体的内在保护因素，包括个体对自己的接纳及乐观感。青春期的少年正处于自我同一性时期，积极美好的自我形象对于这一时期的青少年尤为重要。“I can”是指个体的效能感，对生活的积极认知，它包括个体适应生活、解决问题的能力，以及情绪管理能力。

生：理解、思考。

师：俗话说“理想很丰满，现实很骨感”。的确，我们在生活中会遇到好的或不好的事情。但幸好的是我们拥有心理复原力，也可以用3I理论帮助我们在逆境中积极应对，恢复到正常状态，甚至更好。

（三）3I奶茶研究所

师：请学生分小组，根据这学期遇到的困境或困难，挖掘出自己的资源，并研制出富含3I成分能够让人复原的奶茶，并且在同学们面前销售自己的奶茶（介绍内容需包含奶茶名称、设计理念、成分以及功效）。

生：活动。

师：原来在面对生活中的不如意或困境时，我们每个人身上都有这么多的资源。老师相信，无论我们这学期遇到了多少困难，或以后可能遇到多少困境，如果我们平时积极探索，总能在自己、他人身上挖掘到更多所需的资源，从而更好地应对困境。

六、教学建议

在“3I 奶茶研究所”这一活动中，教师可在 PPT 上展示一些研制出来的奶茶，对应好每一个成分，供学生参考。

七、教学资源

任务单：

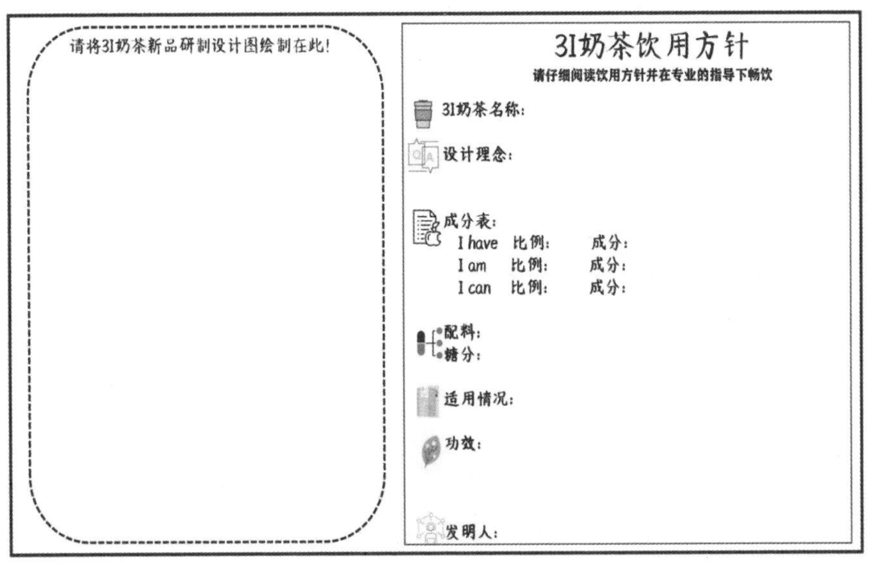

“奇思妙想我能行”
五年级学习适应主题课程

一、学情分析

《中小学心理健康教育指导纲要》指出，高年段需要培养学生分析问题和解决问题的能力。思维定式就是习惯于用往常用的思维方式来看待和解决问题，这对我们日常学习生活有所帮助，但又限制了学生的创造性。本课程将带领学生认识思维定式，学会突破思维定式的方法，并开拓创新。

二、教学目标

1. 情感目标：感受思维定式的积极和消极影响。

2. 认知目标：认识思维定式，了解突破方法。

3. 行为目标：通过活动锻炼学生突破思维定式的能力，培养发散思维的技巧并解决问题。

三、教学思路

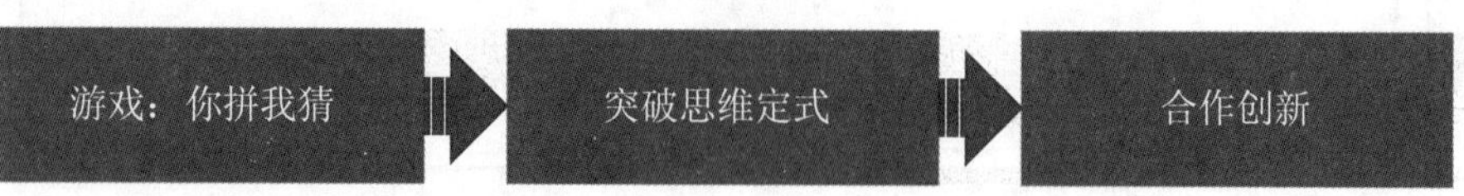

四、教学准备

A4 纸。

五、教学过程

（一）课堂导入

游戏：你拼我猜

游戏规则：小组合作，用身体代表笔画拼凑出中文字，不能用嘴型提示，可在摆出动作后，适当解说笔画的位置。

（二）蜡烛难题

1. 播放蜡烛难题视频，认识思维定式就是习惯于用往常用的思维方式来看待和解决问题，与我们常说的熟能生巧相似。

2. 感受思维定式。用一些脑筋急转弯的题让同学们感受思维定式。

3. 请同学们思考思维定式的积极与消极作用。

（三）如何培养发散性思维：

1. 改变形态法，如：“只”字加一笔变成什么字？“冲”。

提问：如何能想到这样的变化呢？需要将“只”旋转。

2. 拼接组合法，如：梯子加车组合成消防车，人加猪组合成猪八戒……

3. 自由联想法，如：开火车回答○是月亮，○是甜甜圈，○是……

（四）合作创新

1. 接力绘画

小组成员在规定的时间内合作完成一幅画，题目自拟。

要求各小组发挥想象力，轮流接力将画完成。画之前可以讨论绘画方案和绘画顺序，每人只能画三笔。

2. 小组介绍自己的画

提问：创新合作过程中有什么感受？

六、教学建议

热身游戏可以设置不同笔画难度的挑战。注意分配各个活动时长。

七、教学资源

视频：https：//www.ixigua.com/6796089014374892035?wid_try=1

“合作乐趣多”
五年级竞争与合作主题课程

一、学情分析

随着年级的升高，学生之间的竞争压力逐渐增大，许多学生会在考试、作业和课堂表现等方面与其他同学进行比较，以获得更好的成绩和表现。这种竞争意识可能会促使学生更加努力学习，提高自己的能力。尽管竞争意识增强，但也有些学生可能缺乏合作意识，更关注个人成绩和表现，而忽略了与同学之间的互动和合作。这可能会导致他们在团队项目中遇到困难，无法有效地与他人协作完成任务。教师应帮助学生理解竞争和合作的重要性，并教导他们如何在适当的时候使用合理的策略。

二、教学目标

1. 情感目标：感受合作与交流提升同学之间的合作意识。
2. 认知目标：认识到合作的重要性。
3. 行为目标：通过完成共同目标，激发团队之间的凝聚力。

三、教学思路

四、教学准备

篮球、吸管、绳子、透明胶。

五、教学过程

（一）课堂导入

游戏：一根手指举篮球

游戏规则：请同学们只用一根手指把篮球举起来。

一人尝试之后可以多人尝试。

（二）体验合作

1. 观看视频《天鹅、鱼和螃蟹》

提问：天鹅、鱼和螃蟹为什么拉不动小船？它们拉船的过程告诉我们合作需要什么？

小结：大家需要有一致的目标，力往一处使。

2. 分小组体验合作：创意建筑

用以下材料（吸管、绳子、透明胶）搭建一个建筑，从美观、高度、稳固度三个方面评比。

分享：

1. 设计过程中，你感觉小组哪个方面做得最好？

2. 大家有不同意见的时候吗？

3. 体验过合作之后，除了目标一致之外，合作还需要什么？

4. 这次合作带给你什么样的感受？

（三）拓展

合作无处不在，小到我们的学习生活，大到世界万物，请说一说，我们自己身边的合作有哪些？其他方面你还观察到哪些合作的情景？

六、教学建议

合作过程中鼓励学生多参与，避免出现无法参与的情况。

七、教学资源

视频：《天鹅、鱼和螃蟹》。

“凯奇的包裹”
五年级人际交往主题课程

一、学情分析

根据《中小学心理健康教育指导纲要》：心理健康教育的目标之一是培养学生健全的人格和良好的个性心理品质。唤起学生的感恩意识并践行感恩符合这一目标。五年级学生能认识和掌握一定的道理观念，开始有独立见解和辨别是非的能力，但是由于现在大多数孩子是家里的焦点，容易以自我为中心，觉得别人对自己的好是理所应当，不加以引导容易形成不良的品质。

二、教学目标

1. 情感目标：懂得感恩生活中的每个美好瞬间，感恩身边人，及时表达感谢。

2. 认知目标：认识到美好无处不在，发现值得感恩的人和事物。

3. 行为目标：用具体的语言或者行动表达对他人的感谢。

三、教学思路

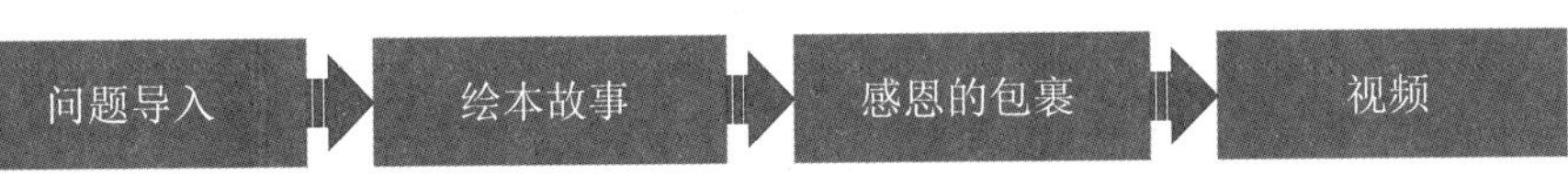

四、教学准备

绘本《凯奇的包裹》、若干小卡片、自制小包裹。

五、教学过程

（一）问题导入

师：同学们，如果有朋友帮助了你们，你们一般怎么表达你们的感谢？

生：自由分享。

（二）讲述绘本故事《凯琪的包裹》

1.PPT 呈现故事前半段

师：罗西为什么要寄给凯琪包裹？ 凯琪收到包裹后心情如何？如果没有这些包裹，凯琪一家人生活会变得怎样？

小结：因为二战的原因，凯琪一整个村生活非常贫穷，缺乏基本的物质。罗西的包裹给她们寄来了许多迫切需要的物品，这些物品不仅帮助凯琪和大家度过了寒冷的冬天，还给她们带来了心理上的温暖。

2. 续编故事

师：罗西给素未谋面的凯琪带来了这么多温暖，如果你是凯琪，结合她的实际情况，你会怎么表达对罗西的感激？

生：思考分享。

3. 讲述绘本后半段

小结：罗西即使和凯琪不认识，在凯琪遇到灾难的时候也依然伸出援手，帮她度过了生活中的难关；而凯琪对善良的罗西心怀感激， 竭尽所能给朋友送去惊喜。

（三）感恩的包裹

规则：每个人一张卡片，回忆自己曾经接受过的帮助，带着感恩的心将自己想要表达的话写在卡片上，随后放在老师准备的包裹里。

生：回忆，写卡片，将卡片放在包裹里。

分享时刻：一名同学上台随机抽取卡片和全班同学分享。

师：有机会老师会将这份承载着感恩之意的包裹传递给更多的人。在我们身边，有熟悉的人对我们表达善意；在世界上，也有很多陌生的人在我们看不见的地方默默付出，比如疫情期间的逆行者。

（四）活动升华：

1. 播放视频：《逆行者》

2. 教师总结：生活中有很多的美好瞬间，只要我们善于去发现。这些瞬间可能来自熟悉的人，也可能来自不认识的人。我们感谢他人的方式多种多样，除了今天我们共同完成的感恩包裹，我们还要在日常生活中用行动去具体表达我们的感恩之情。

“独一无二的我”
五年级认识自我主题课程

一、学情分析

自我意识是指每个人对个体的自我认识，它不仅包括对自己与他人相似性的认识，更包括对自己区别于他人的独特性的认识。自我意识更是心理健康教育的核心，它在儿童青少年成长中起着不可估量的作用。只有拥有清晰的自我意识，才能够拥有健全的人格，因此通过本节课让学生认识自己的无可代替至关重要。

二、教学目标

1. 情感目标：感受到每个人都有各自不同的特点。
2. 认知目标：了解到每个人都有各自不同的特点。
3. 行为目标: 通过绘制我的特点树和独特宣言，接纳自己的独一无二。

三、教学思路

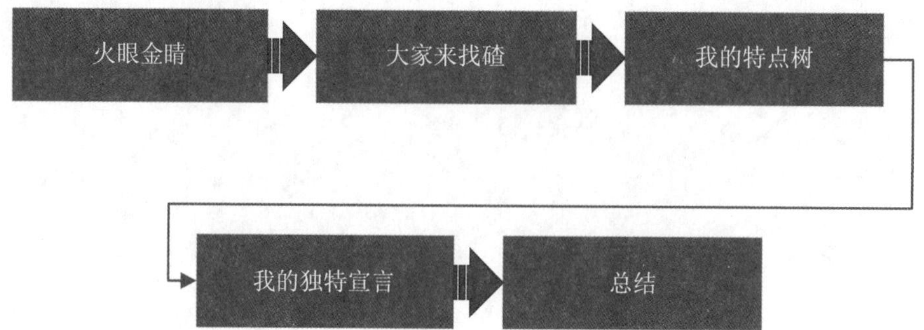

四、教学准备

A4 纸、水彩笔。

五、教学过程

（一）课堂导入：火眼金睛

活动规则：请大家在课室里面找一找有哪些物体是完全相同的。

师：通过学生的回答，引导学生明白世界上没有完全相同的物体，更没有相同的人，从而引入主题课程《我是独一无二的》。

（二）大家来找碴

活动要求：请同学们在两分钟之内，尽量多地找找自己与同桌的不同之处（外貌、性格、着装、拥有的物品等）。

师：根据学生的回答，引导学生感知自己的独一无二。

（三）我的特点树

活动要求：自己画一颗带有果实的大树，在果实上面写上自己认为的与众不同的特点。名字写在纸的背面，并且在自己喜欢的特点的果实上涂上红色，在自己不喜欢的特点上涂上黄色。统一上交到教师处，教师随机抽取学生的特点树，让学生猜这棵特点树的主人。

师：引导学生观察：每个人的特点树是否一样？哪些特点是自己喜欢的？今后该如何做？哪些是自己不喜欢的？是否能够改变？不能改变应该怎么做？最后，总结引导学生认识到自己的独一无二。

（四）我的独特宣言

要求：请同学们用“我既________，又________，虽然我不是最优秀的，但是谁也无法代替”句式为自己设计一个最独特的个性签名。学生自由选择在班上宣读。

师：根据学生设计，引导学生接受自己的独一无二。

观看绘本故事《与众不同的我》。

（五）总结

师：每个人都有自己的特点，我们是世界上独一无二的。

六、教学建议

在学生为自己画特点树的时候，需引导学生全面了解自己，既认识到自己独特的优点，也要认识到自己独特的不足。

七、教学资源

绘本故事《与众不同的我》。

“记忆有偏方”
五年级高效学习主题课程

一、学情分析

记忆力就是人记住曾经发生的事情或者事物的能力。记忆包括识记、保持、回忆三个基本环节。识记和保持是回忆的前提，回忆又是识记和保持的结果，而智力的提升往往离不开记忆，记忆在智力结构中占有重要地位。对于五年级的学生而言，学习要求进一步提高，学习难度加大，需要记诵的东西越来越多，如果能掌握一些有效的记忆规律和方法，学生对学习中的记忆任务就会有不一样的认识，更能体会到学习的乐趣。本节课通过有效的活动让学生认识到记忆是有规律可循的，只要利用好这些规律，记忆的过程也可以变得有趣高效，从而改变学生对记忆过程的认知，帮助学生提高对记忆的自信心。

二、教学目标

1. 情感目标：体验记忆的乐趣，并有意识地将记忆规律和方法运用到平时的学习中。

2. 认知目标：感受记忆的规律，运用规律提升自己的记忆力。

3. 行为目标：学习和掌握材料分割记忆法和编故事记忆法。

三、教学思路

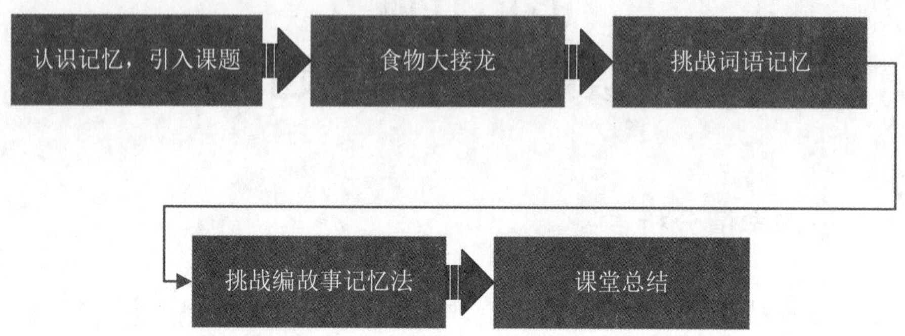

四、教学准备

A4 纸。

五、教学过程

（一）认识记忆，引入课题

师：展示白纸，进行折纸操作，并提出问题引导学生观察纸上留下的痕迹。

师：结合记忆的概念和白纸上留下的痕迹，引入记忆力主题。（板书课题）

（二）食物大接龙

规则：随机选择一位同学，第一个同学说出某种食物的名称；第二个同学在重复第一个同学的话的基础上，再加上第二种食物的名称；第三个同学在重复前一个同学的话的基础上，再增加第三种食物，依次类推。食物名称字数不限且不得重复。

分享：在记忆这么多种食物的过程中，你是怎么做的？

师：结合学生的分享及表现，引导学生发现记忆的规律：重复是记忆的基础。（板书：记忆术一：重复是记忆的基础）

（三）挑战词语记忆

规则：在不使用纸笔的情况下，尽可能多地记忆这十三个词语（自选），每个词语看三秒，最后用一分半钟的时间尽可能多地把你记忆到的词语默写出来，默写可以不按照播放顺序。

师：时间到，请把你记住的词语迅速写下来，顺序不限……答案揭晓，把你写对的词语和大家分享一下。

生：分享。

师：刚才同学们分享了记对的词语，我们来观察一下，你们记对的词语都在什么位置呢?

生：回答。

思考：在开头和结尾的词语被记住的比较多，这说明了什么?

师：讲述记忆规律：系列位置效应，并引导学生在记忆过程中运用此规律，学会把一段长的材料分割成几个部分，再依靠他们之间的逻辑关系把他们串联起来记忆。（板书记忆术二：材料分割记忆法）

（四）挑战编故事记忆法

规则：把要记忆的内容编写成一个有趣且容易记忆的故事。

例子：

1. 四书：《孟子》《论语》《大学》《中庸》

——孟子坐着轮椅（《论语》），在大学里面读中庸。

2. 教室、山川、橘子、李白、作业

——教室里挂着山川图，手拿橘子的李白在写作业。

练一练：把下面五个词语编成一段故事。

小狗、帽子、自行车、山脚、白云

生：分享。（此处可邀请多位同学上台分享）

课堂总结：结合学生的表现进行小结，最后总结回顾本课的知识点，引导学生通过不断练习和使用所学的记忆方法来提高自己的记忆力。

六、教学建议

本课设计了多个挑战环节，在活动中，学生可以去感知记忆规律，并且掌握记忆方法。但在课程设计和实施方面仍有许多不足之处。在食物大接龙活动中，要尽量避免花费太多时间进行接龙，教师可根据情况对游戏规则进行修改，节约课堂时间；在挑战词语记忆活动中，同学们理解了序列位置效应，但无法总结出记忆方法时，可增加小组讨论的环节，激发学生思考。

“我的情绪我做主”
五年级情绪调适主题课程

一、学情分析

小学高年级学生正处于由儿童期向青春期过渡的关键时期，处于心理发展骤变期。因此，帮助高年级学生了解情绪的变化和影响，学会自我调节至关重要。

二、教学目标

1. 情感目标：培养积极乐观的心态和良好的自我暗示能力。
2. 认知目标：识别自己的情绪，正确表达当下感受的情绪。
3. 行为目标：掌握调节情绪的方法，培养自我调控的能力。

三、教学思路

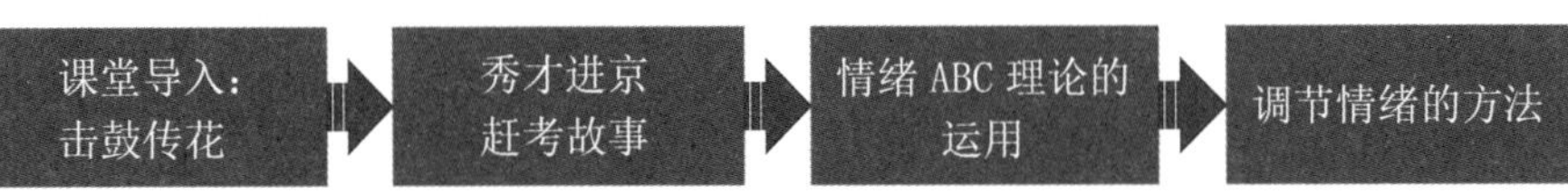

四、教学准备

音乐。

五、教学过程

（一）课堂导入：击鼓传花

师：两组一个玩具，当音乐播放后开始传递，注意玩具不要在一位同学手上停留太久，也不要一直在两人之间互相传递，让更多同学参与进来。当音乐停止时，玩具传到谁的手里，谁就会成为“幸运同学”，“幸运同学”要为大家展示一个才艺。

学生游戏。

教师小结：引出今天的主题。

（二）秀才赶考的故事

师：影响秀才的命运转折点是什么？

学生思考并回答。

教师小结：情绪 ABC 理论认为激发事件（A）只是引发情绪和行为后果 C 的间接原因，而引起 C 的直接原因则是因个体对激发事件 A 的认知和评价而产生的信念 B，即人的消极情绪和行为障碍结果（C），不是由某一激发事件（A）直接引发的，而是由经受这一事件的个体对它不正确的认知和评价所产生的错误信念（B）所直接引起。也就是说影响我们情绪的不是事件本身，是我们对事件的看法。

（三）情绪 ABC 理论的运用

情景 1：上课讲话，被老师抓到并批评了。

情景 2：期末考试语文作文离题，语文成绩不理想。

学生运用情绪 ABC 理论进行回答。

教师小结：任何事情都有两面性，往好的方向想，事情就会往好的方向发展，积极的态度成就积极的人生。

（四）情绪调节的方法

师：当我们遇到让我们感到难过、悲伤、愤怒、紧张等的事情时，我们可以怎么做才能快速地从消极情绪走出来。

学生回答。

教师小结：我们可以运用注意力转移法、合理宣泄法、深呼吸法等来调节情绪。

六、教学建议

学习情绪 ABC 理论时教师可多让学生举例子解释说明理论的应用。

七、教学资源

秀才赶考的故事

有位秀才两次进京应考未第，又第三次进京赶考，住在一个经常住的店里。考试前两天他做了两个梦，第一个梦是梦到自己在墙上种白菜，第二个梦是梦见下雨天，他戴了斗笠还打伞。这两个梦似乎有些深意，秀才第二天就赶紧去找算命的解梦。算命的一听，连拍大腿说：“你还是回家吧。你想想，高墙上种菜不是白费劲吗？戴斗笠打雨伞不是多此一举吗？”秀才一听，心灰意冷，伤心欲绝，想到自己寒窗多年，却依然图不到一个功名，便想背包回家，放弃考试。刚好给店家碰到了，店家赶快阻拦了他。秀才把做梦解梦的事如此这般说了一番，店老板乐了：“哟，我也会解梦的。我倒觉得你这次是大有希望，一定要留下来。你想想，墙上种菜不是高种（中）吗？戴斗笠打伞不是说明你这次是事先有准备，万无一失吗？”秀才一听，更有道理，于是精神振奋地参加考试，居然中了个探花。

“当一片叶子落下”
五年级生命教育主题课程

一、学情分析

生命教育的内容是多重的，不仅包括热爱生命，珍惜生命，更包括死亡教育，教育学生认识到死亡的有限性，引导学生正确认识死亡。小学生由于身心发展受年龄限制，因此对于周围人离世极易出现迷茫不解、恐惧退缩或是一蹶不振的极端现象。帮助小学生正确认识生命死亡，接纳死亡带来的情绪体验，树立积极的生命观是极其重要的。

二、教学目标

1. 情感目标：通过活动体验，感受死亡带来的情绪体验。

2. 认知目标：从不同角度感受死亡，理解死亡。

3. 行为目标：知道生命之珍贵，能够用积极的态度面对生命。

三、教学思路

四、教学准备

《星星小人计划》视频、《Secret Garden》音频、学习单。

五、教学过程

（一）课堂导入：感知死亡

1. 展示课堂要求

师：提醒学生本节课将讨论的话题是特别和严肃的，需要学生保持尊重、开放、包容的态度，并积极参与课堂。

2. 展示文字材料和图片

师：展示一棵树从生根发芽到落叶、从春季到冬季的四张图片，引导学生感受生命的变化——从生到死亡。

3. 导入新课

提问：从这四张图片中，你看到了什么？当一片叶子落下时，这意味着什么？

师：通过学生的回答导入主题——死亡。

（二）理解死亡

1. 谈谈你对死亡的理解

提问：当我们谈到死亡时，你会想到什么？你会想到什么事情？会想到谁？会有怎样的情绪？

师：引导学生分享对于死亡的理解，可以举例分享。

2. 分享电影《寻梦环游记》中对于死亡的认识

师：分享电影《寻梦环游记》中对于死亡的理解。通过这部电影进行承上启下，进入下一环节——体验死亡。

（三）体验死亡

1. 死亡体验中心

师：提醒学生做好冥想放松的准备，以舒适的姿势坐好，并认真聆听教师的想象指导语。与此同时，教师使用多媒体播放冥想音乐以及图片。

想象指导语：请同学们安静下来，深呼吸，以舒适的姿势坐着。认真地倾听老师的指导语，想象我所说的画面。

某天，你因意外不幸离开了这个世界。死亡体验中心为你举办了盛大的葬礼，许多你认识或不认识的人都来到了你的葬礼上，为你送别，里面包括你的亲人、你的朋友、你的同学、你的老师……此刻，你的灵魂飘荡在大厅的最顶端，平静地看着大厅里的每个人。但是，你走得太匆忙，没有给他们留下任何口信。你的亲人、朋友也因你的离去十分伤心。

见此状况，你心中有很多的不舍与遗憾，你恳求勾魂使者，能不能让你留下遗言。勾魂使者点了点头，破例让你写下你心中的遗憾。

请同学们拿出笔，思考一下，你是否还有哪些事情想做但是还没有做的？还有哪些话想要对谁说都还没有说的？请把这些内容写在我们的学习单上。

生：书写未完成心愿清单。

未完成心愿清单可包括以下内容：

（1）你还有什么话想对这个世界的人说？

（2）假设时光倒流，你的生命还剩下一个月，你会去做什么？

生：书写完成后，相互分享。

师：通过学生的分享进行小结，并引导学生分享，通过这个体验活动，对于死亡是否有了不同的理解与体会。

生：分享自己对于死亡的新理解与体会。

师：通过学生的分享，升华主题，让学生体会到生命的脆弱以及珍贵。

（四）超越死亡

1. 故事欣赏：《星星小人计划》

师：播放视频《星星小人计划》。引导学生思考，这星星小人究竟代表什么。

视频的大概内容：在广东深圳，有一位插画师，开启了一个名为“星星小人”的计划。

生：观看视频，思考并分享感受。

小结语：每个星星小人背后都有一段令人动容的故事。逝者已逝，生者如斯。我们所面临的死亡不仅是自己的离去，还有他人的离去。对于已经离去的人，我们可以做的是记住他，不遗忘。而对于还活着的我们来说，应该珍惜眼前的一切，别留遗憾。

2. 课后延伸：永远记住你

书写指导语：我们或曾经历过他的离世，或曾知道他的逝世，你最想对逝去的他说些什么？请在学习单上写下你心里的牵挂与思念。这个他指的可以是亲人，也可以是你们熟悉的社会人物，如英雄烈士、科学家、喜爱的运动员等等，还可以是你曾经养过的心爱的宠物。

生：在学习单上写下自己心里的牵挂与思念。

（五）课堂总结

我们对于死亡都有了自己的认识，或是字面上的认识，或是情感上的认识。感知死亡是为了感受生命之宝贵，珍惜眼前，不留遗憾。

六、教学建议

1. 在“感知死亡”和“理解死亡”这两个环节中，可以依据实际情况，替换或增添素材。

2. 在“体验死亡”这一环节中多预留时间。分享过程中，可以引导学生先同桌分享，再小组分享，最后选择学生代表全班分享。心理健康课程中，分享环节很重要，通过学生的分享能让课堂生成更多，因此需要预留足够的时间给学生分享。

七、教学资源

1.《星星小人计划》；

2. 学习单。

《当一片叶子落下》心理健康教育课学习单

姓名：　　　　　　班级：

未完成心愿清单

____

____

____

____

____

____

课后延伸：永远记住你

____

____

____

____

“技能点，加满”
五年级其他主题课程

一、学情分析

“技能点”（SP）是一个游戏术语，使用后可以升级技能和学习技能。五年级学生独立能力和自控能力逐步增强，对于自身发展方向有一定意识。本节课旨在帮助学生了解自身社会适应能力（独立生活能力、学习能力、人际交往能力、抵抗挫折能力、情绪调节能力）发展情况并进行总结，促进自我意识发展，明确未来技能的提升方向。

二、教学目标

1. 情感目标：体验到自我了解的成就感以及未来发展的目标感。

2. 认知目标：了解自身能力状况，熟悉每种能力所包含的方面，针对自己比较薄弱的部分进行训练提升。

3. 行为目标：树立自我提升意识，增强自我管理能力。

三、教学思路

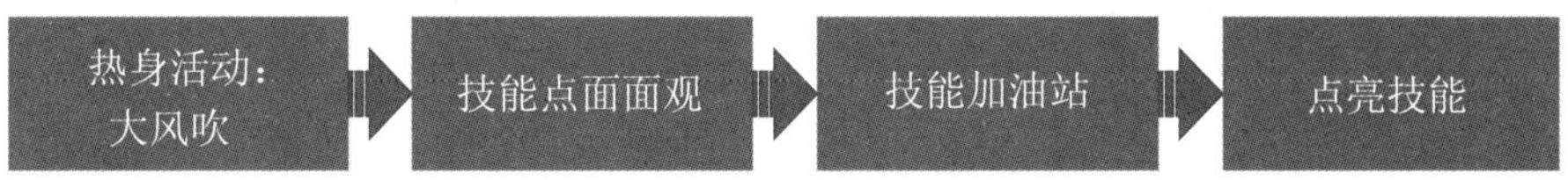

四、教学准备

打印学案纸 / 心理本、至少两种不同颜色的笔。

五、教学过程

（一）热身活动：大风吹

师：在大风吹活动基础上，将吹的特征设置为学生能力范围内能达到的事情，如会计算圆的面积，可以自己洗鞋子，遇到困难的时候可以独立解决，朋友难过的时候会给予安慰……

生：参与活动热身并进入主题。

（二）技能点面面观

师：引出技能点主题，并结合热身活动中的内容，向学生介绍社会适应能力内容（认知能力、独立生活能力、学习能力、人际交往能力、应对挫折能力、实践能力）。

	1	2	3	4	5	6	7	8	9	10
认知能力										
独立生活能力										
学习能力										
人际交往能力										
应对挫折能力										

师：介绍技能点图纸 / 表格，让学生在学案纸 / 心理本上进行绘制。每个学生根据自己实际情况将技能点分别放入对应技能栏中，总个数最多不超过 20 个。

生：完成任务并分享。

（三）技能加油站

师：邀请学生用不同颜色的笔额外添加 10 个点，看看学生想要加在哪些地方。

生：完成并分享。

师：引导学生思考如果想要增加技能，需要做什么达到目标。

（四）点亮技能

师：引导学生同桌之间对彼此的技能点进行评价，并在纸上写下可行性比较强的建议或者分享经验，也可以写下鼓励的话语。教师可以邀请学生收藏或张贴，约定一年后查看完成情况。

六、教学建议

在技能点讲解方面要尽可能详细，确保学生能够理解每个能力所包含的内容。

七、教学资源

社会适应能力

1. 认知能力

认知是人类个体对客观世界的认识过程，学生可以自觉运用所学知识分析、解决现实生活、学习中的问题，正确评价自己和他人，客观看待个人得失。

2. 独立生活能力

学生自主自立、自我管理、自我调适和独立处理问题的能力，包含自理能力和独立精神。

3. 学习能力

学生认识、理解客观事物并运用知识、经验等解决问题的能力，掌握良好学习方法，培养学习能力，有独立思考和自学能力。

4. 人际交往能力

学生了解社会，认识社会，能够与人交流思想，表达情感，协调能力互动，学习社会生活必备的知识、技能、态度、社会规范，遵守法律和社会规范，意识到集体和社会的存在，意识到自己在集体中的行为和责任。

5. 应对挫折能力

学生遇到挫折后，调整和转变心态的能力，能否积极改善挫折情景，克服挫折消极影响。

“岛屿规划书”
五年级生涯教育主题课程

一、学情分析

小学是职业生涯的起始阶段，是学生学习与发展的启蒙时期，在小学开展职业生涯规划教育能为学生未来一生的发展打好坚实的基础。皮亚杰的认知发展理论中指出，小学生正处于具体运算阶段（7 ~ 11 岁），这一时期是个体自我发展的关键阶段。所以在此阶段，合理高效的引导能够帮助小学生正确客观地认识自己，初步形成生涯意识，为今后的生涯规划指明方向。而已有的研究数据表明，小学生的认知水平处于发展阶段，对自身的认识不足，无法根据自身的兴趣特长、性格特征等进客观判断、又或是认知不够全面清晰，尚未形成自己对未来职业的正确认知。因此，现阶段学生应进一步提升自我认知，通过自我探索活动，为自己的职业生涯规划奠定良好的基础。

二、教学目标

1. 情感目标：感受到自己的兴趣是能和未来职业发展相联系的。

2. 认知目标：了解自己的兴趣、兴趣类型以及自己的兴趣类型可以发展的可能职业。

3. 行为目标：掌握自己的兴趣类型，探索自己未来可能发展的职业以及自身需要付出的努力。

三、教学思路

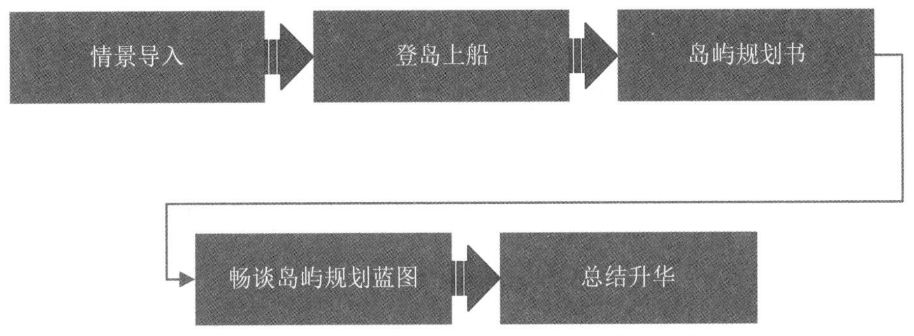

四、教学准备

简历书活动单、登岛牌、岛屿规划书、PPT 课件。

五、教学过程

（一）情境导入

师：引入开发老板的角色，进行情境导入。

开发老板：hi，同学们，听说我们班聚集了很多有才之人，我想得到你们的帮助。现在，我手上有几块还没被开发的岛屿，我的设想是将他们建设成 6 个岛屿，分别是“浪漫艺术岛”“秩序管理岛”“富饶企业岛”“先进科研岛”“自然手工岛”“人文服务岛”

现在我将利用简历书，将我们班志趣相同的同学分在一个小组，共组成 6 个开发小组。

【设计意图】通过开发老板要建设岛屿将霍兰德职业兴趣引入课堂，使导入环节更具有故事性，利用这一条故事线，串起整个教学环节。

（二）登船上岛

师：分发简历书，根据规则，将学生分为六大兴趣组。

分组规则：

1. 简历书上分别有六列不同底色的兴趣，请同学们用笔圈出自己的兴趣；

2. 哪一列圈出的个数最多，就会被分到该列对应底色的小组中。

师：引入检票员角色，检票员将根据分组规则，指引学生现场分组。

检票员：大家好，我是本次负责带领大家登上6大岛屿的检票员，很高兴你们在老师的组织下，找到了志同道合的人。现在每张桌上都放着不同序号的立牌，请你们拿好自己的简历书和笔，安静、有序地走到你的小组的位置上。注意保持安静、有序地登船。

【设计意图】本环节中根据六大兴趣类型，设置了不同的兴趣爱好，学生通过对自己兴趣爱好的选择，能更直观地看到自己的兴趣分布。同时，利用兴趣金字塔模型，在此环节能完成感官兴趣到自觉兴趣的分类，将兴趣类型相同的学生分在同一个小组，在下一环节中，兴趣和职业的联结会更强。

（三）岛屿规划书

检票员：各位乘客，你们的目的地已到达。期待你们能够顺利地建设岛屿，再见。

开发公司老板：各位人才，恭喜你们顺利登岛。现在请你们共同揭开桌上的立牌，查看你们所在的岛屿。下面，请你们根据建设目标，讨论好岛屿的建设事宜，每个小组完成一份岛屿规划书，最后向我汇报。具体的要求，可以咨询老师。

师：指引学生完成桌面摆放着的空白岛屿规划书的相关内容。

岛屿规划书内容设置：

1. 封面

2. 发展目标

3. 岗位设置（每人一张岗位表）

（1）职业

（2）姓名

（3）选择这个职业是因为我对（　　　）感兴趣

（4）想做好这份工作，我需要付出什么样的努力？

4. 宣传口号

【设计意图】通过小组合作，对兴趣岛屿的发展目标及自身职业发展所需的能力进行讨论，发掘自身能力和品质，从而思考自身能力与兴趣职业所需能力的联系。

（四）畅谈规划蓝图

师：指引学生按照兴趣小组逐个上台分享岛屿规划书的内容，并对每组学生的分享进行简单小结。

生：分小组上台展示规划书。

开发老板：大家的规划书设计得很完整，发展目标与我的愿景很贴合。大家的岗位设置很符合你们所在岛屿的发展，希望你们能够顺利完成岛屿建设，争取早日投入使用！

【设计意图】通过每个小组的分享，让学生加强对不同兴趣岛屿和职业的认识，在分享的过程中获取更深的职业认同和自信。

（五）总结升华

师：从开发小组的分组开始，我们就面临着选择。从范围很广的兴趣，到后面需要建设岛屿的有限的岗位数量，请你回顾一下让你印象最深的环节，谈谈你的感受。

邀请 2 ~ 3 名同学发表感受。

总结：从简历书到开发小组，最后到岛屿规划书；从一开始我们所拥有的广泛的兴趣到可以归为较集中的兴趣类型，最后发展成为岗位设置上的一个职业。可以看到我们选择的范围越来越集中，目标也越来越清晰，而这个目标所需要的能力也越来越高，所以我们所需要付出的努力也越来越多。

通过这节课的体验，大家了解到自己的兴趣可以和未来的职业相关联，看到自己所擅长和喜欢的事情以及发掘自己的能力所在，接下来，请大家带着坚持和勇气，继续建设我们的美丽岛屿吧！

【设计意图】通过课堂回顾，将学生从情境中拉回现实，重新审视这节课的体验和感受。

六、教学建议

本节课将引入“开发公司老板”和“检票员”的角色，旨在更深入地将学生带入课堂情境，所以在课前可以将这两个角色要说的话，利用变声器合成适合的声音，在课堂上进行播放，对将要开发的 6 大岛屿也要进行简单的介绍。另外，不同班级学生的兴趣爱好不同，因此在兴趣小组的分组上会出现不同的情况。如果同一兴趣类型小组的人数超过 6 人，建议再分一个组，以保证学生的参与度。

七、教学资源

六大岛屿的简单介绍：

“浪漫艺术岛”上到处是美术馆、音乐厅，弥漫着浓厚的艺术文化气息，许多文艺界人士都喜欢来到这里开沙龙派对追求灵感。

“秩序管理岛”处处耸立着的现代建筑，标志着这是一个进步的、都市形态的岛屿，岛上的户政管理、地政管理及金融管理都十分完善。

“富饶企业岛”经济高度发展，处处是高级饭店、俱乐部、高尔夫球场，这里商界名流和上等阶层人士在岛上享受着高品质的生活。

“先进科研岛”平畴绿野，人少僻静，适合夜观星象，这里有很多天文馆、科技博物馆，哲学家、科学家和心理学家可以在这里讨论学术，交流思想。

“自然手工岛”是自然生态优良的绿色之岛，建立了相当规模的植物园、动物园、水族馆。岛民们以手工制造见长。

“人文服务岛”的岛民性情温和，乐于助人，人际关系十分友善。大家互助合作，重视教育后代，处处充满着人文关怀气息。

“有话好好听”
五年级人际交往主题课程

一、学情分析

倾听能力是一个人在人际交往中应具备的基本能力，好的倾听能力能给沟通带来良好的气氛，有利于拉近彼此之间的距离。学会倾听，才能从对方的话语中弄清楚真实的想法，合理应对不同的人和事。小学生的倾听习惯还没有完全养成，经常出现打断别人讲话、在课堂中插嘴别人的发言等现象。学会倾听，掌握倾听的技巧，有利于提高人际交往的能力。

二、教学目标

1. 情感目标：让学生体验不同的倾听态度与倾听行为带来的感受，培养良好的倾听习惯。

2. 认知目标：认识到倾听的重要性。

3. 行为目标：将所学的知识运用到生活中，让自己成为一个合格的倾听者。

三、教学思路

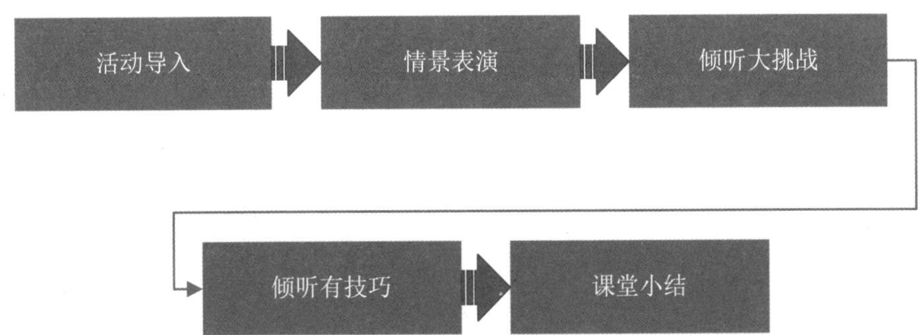

四、教学准备

PPT、纸笔。

五、教学过程

（一）活动导入——抓蜻蜓

规则：每位同学举起左手竖一个大拇指，然后举起右手盖住右边相邻同学的大拇指。当听到“水”字时，右手迅速抓住同学的大拇指，左手逃开避免被抓。

故事内容：

从前有座山，山下有一个小村庄，村子里有个小伙子名字叫阿呆，他养了一条小狗叫阿水。阿呆每天早上都会提着两个大水桶，去村子里的小河边抓鱼，抓完鱼后就会挑着两桶水回家。阿呆每天心情都很愉快，回家路上，野花点点，青草幽幽，一派大自然的美景，和谐的田园风光，他的那只小狗也在他身边溜来蹿去。“阿水乖，慢点跑，别捣乱。”阿呆经常笑着说。

回家后，阿呆把水倒进家中的水缸里，正好满满一缸，不多不少，然后开始给小狗喂食。“阿呆喂你吃骨头，要吃吗？骨头可好吃了。”阿呆对着小狗说：“阿水啊，要吃你就说啊，你不说我怎么知道你要吃呢？虽然你很有诚意地看着我，可是还是要说啊，不可能你说了我不给你吃的。”

看着小狗围着骨头急得直打转，阿呆就很高兴地笑，再把骨头丢给可怜的小阿水。阿水啃着骨头，阿呆就开始了一天的辛勤劳作。狗是非常有灵性的，看见阿呆累了就给他衔去毛巾，让他擦汗，阿呆渴了，只需一招手，阿水就会摇头晃脑地给他衔去水壶。他们就这样快快乐乐地生活在这个风景如画的小山村里，怡然自得。

师：为什么在活动中有的同学会反应既快又准确？有的同学出错较多？

生：讨论、发言。

师：在这个过程中，反应既快又准确的一个很重要的前提就是认真倾听。

（二）情景表演

师：邀请学生进行情景表演。

表演内容：

甲：（拿着书从教室外兴奋地走进来）这本书特别好看，里面的主人公武功好厉害，光想到他会飞檐走壁就很酷！你们要不要看？

乙：不看甲同学，身体后仰，不停变换身体姿势。

丙：东张西望，不停看表，不停转笔。

丁：埋头看自己的书，每讲一句，就点头，接着打哈欠，伸懒腰，反问"你刚才说什么？"

最后，甲失去了谈论的兴致，垂头丧气地走开了。自言自语（很无奈）道："怎么就没有人能好好地听我说呢？"

师：剧中乙丙丁三位同学是合格的倾听者吗？

生：思考、回答。

师：他们有哪些不良的倾听行为？

生：思考、回答。

师：这些行为，分别给说话者传递了什么样的信息？

生：讨论、回答。

师：总结学生发言，PPT 展示各种不合格的倾听动作图示。

展示内容：

1. 身子不停地转来转去或不停地变换姿势——什么时候可以结束啊！
2. 随意插话、抢话——你说的我都知道了。
3. 东张西望——你可不可以不要再说了。
4. 转笔——真有些无聊。
5. 不停地看表——逐客令：你是不是该走了？

6. 埋头做自己的事情——你爱说不说，我得干自己的事了。

7. 打哈欠，伸懒腰——我对你所说的内容没什么兴趣。

师：面对不良的倾听行为，甲同学有什么感受?

生：甲同学发言。

师：如果你是说话者，生活中面对这样的倾听者，你会怎么样?

生：思考、发言。

师：怎么样的倾听才是良好的倾听?

生：思考、发言。

师：总结学生发言，引出下一环节。

（三）倾听大挑战

规则：在1分钟里安静下来，并在纸上写出当安静时你听到了什么?

师：你听到了什么?

生：思考、发言。

师：平时你能听到这些吗?

生：思考、发言。

师：倾听时需要做些什么?

生：思考、发言。

师：（小结）做好倾听的准备，把内容听清楚。

（四）倾听有技巧

师：请刚才情景表演的说话者和倾听者重新上台，其他同学尝试做一名“受欢迎的倾听者”，其他同学观察、强化。

生：按要求完成演出、观察。

师：我们可以看到不同的倾听态度感受也不一样。受欢迎的倾听有哪些神态呢?

生：思考、回答。

师：（PPT展示听的繁体字“聽”）耳到、眼到、心到。

（五）课堂小结

师：良好的倾听就是做好倾听的准备，加上愿意听的姿态。在人际交往的过程中，做到专心、耐心、会心，不轻易插话，给予适时的回应，做一个用心的聆听者。

六、教学建议

根据实际情况，选好情景表演的小演员，演出前帮助学生充分理解角色的感受，从而更好地投入表演。

参考资料：

1. 公众号“睿睿心理小屋”之《“学会倾听”心理活动课设计》；
2. 公众号“心理老师成长联盟”之《倾听二部曲——小盐老师》。

“点亮我的能量瓶”
五年级挫折教育主题课程

一、学情分析

《中小学心理健康教育指导纲要》指出小学高年段学生应重点培养其克服困难、解决问题的能力。本课以信件的形式引导学生思考自己遇到挫折时可能会采取的应对方式。通过绘制能量瓶，使学生意识到自身及身边存在的支持性力量，更好地帮助学生应对学习、生活中的困难和挫折。

二、教学目标

1. 情感目标：感受亲人、朋友等人际财富给生活带来的温暖。

2. 认知目标：认识到遭遇风浪时，自己可以调动自身及外部力量应对挫折。

3. 行为目标：学会挖掘自己的优势和积极品质以应对挫折。

三、教学思路

四、教学准备

教学 PPT、学生来信、白纸。

五、教学过程

（一）热身活动：手指操

手指操流程：

1. 伸出双手，中指向下弯曲，将中指的第二个指关节对靠在一起；

2. 将其他的手指分别指尖对碰。在游戏过程中，中指需要始终靠在一起，其余手指只允许一对手指分开；

3. 依次分开大拇指、食指、小指和无名指，每次分开时询问学生是否能够分开。

师：通过手指操引出我们生活中存在着许多宝贵的人际财富，比如朋友、亲人、同学等等。这些人与我们的关系就像不可分开的无名指一样，陪伴着我们生活，给予我们温暖与力量。

（二）遭遇风浪时

小琳的来信

上周老师说学校要举办一场演讲比赛，希望大家积极参与，每人写一份演讲稿，选两位同学代表班级去参赛。我听了之后很开心，因为这是我的强项。于是，回到家我就开始认真准备演讲稿了。果然，我被选上代表班级参赛。比赛当天我有点紧张，尽管稿子已经背的很熟了，但还是担心出错。“有请 5 号同学上场。”念到我的名字了！我赶紧走上台开始演讲，感觉讲得还不错。等了一会儿评委开始宣布名次了，第一名 ××，第二名 ××，第三名 ××……结果我的出乎意料，我没有拿到名次。那一刻我好难受，好想哭，感觉之前一切的努力都白费了，没有为班级取得好的名次，对自己也有些失望。

回家之后，我闷闷不乐。妈妈好像看出了我的情绪，我把这件事告诉了她。妈妈安慰我，这只是一次的失败，没关系的，不要气馁，要对自己有信心。说完还端出了我喜欢吃的饭菜。我好像好多了，没有那么沮丧了。嗯，没关系的，还有下次！下次我肯定会准备好的。

师：信件中的小琳遇到了一件什么样的事情？她的感受如何？是什么帮助她走出低落的情绪？通过信件中的挫折事例，引导学生从自己的角度思考当遭遇类似的挫折时，应该如何应对。

生：思考、分享。

（三）绘制我的能量瓶

师：指导学生在白纸上绘制属于自己的能量瓶。可以将瓶身绘制为自己喜欢的任意形状，并将瓶子分为两个部分。

1. 当你遇到困难时，想要 / 可以向谁寻求帮助？请将他们的名字放到瓶子的第一部分。

2. 遇到困难时我们自己身上有没有能够抵御挫折的能量呢？例如一些个人优势或积极品质。请将属于我们自己的能量放到瓶子的第二部分。

（四）课堂小结

师：一个人一生中极少有不遇到挫折的，关键在于如何对待这些困难和挫折。在我们的生活中存在着许多如家人、朋友般支持性的力量，善于发现外界能量能够帮助我们顺利度过低谷。与此同时，我们自身也有强大的抵御能力，激活这些内部能量能够助我们笑对风浪。

六、教学建议

导入环节建议教师带领学生一起完成手指操；也可以使用事先制作好的能量瓶空白模板，方便学生在瓶中不同的部分增加内容。

七、教学资源

能量瓶空白模板。

参考资料：

绘制能量瓶环节参考公众号“可爱的葵妮”。

“我的手掌印”
五年级认识自我主题课程

一、学情分析

五年级的学生处于小学的高年级阶段，其生理和心理都相对初入学时稳定，并在此前的基础上不断发展。其自我意识也在不断增强，思维日渐成熟。但其心理活动和行为更多地受情景因素的支配，变化较大，在自我认识方面，有一定的认识但不全面；甚至有些同学可能会夸大自己的某项技能，有些同学可能会因为别人的优秀而产生自卑心理。因此，为了减少这些现象的产生，本课希望通过系列活动，帮助学生认识自我的独特性，掌握认识自我的途径，全面客观地认识自己。

二、教学目标

1. 情感目标：引导全面认识自我，感受自我的独特性。

2. 认知目标：通过续写手印，让学生从“现实我”“理想我”和“潜能我”全面分析自己的特点，更清晰地认识自我。

3. 行为目标：能够全面认识自我，并能树立一定目标，建立“理想我”，激发“潜能我”。

三、教学思路

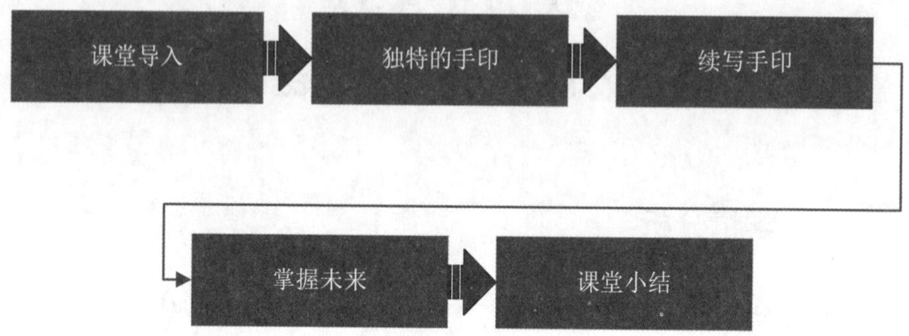

四、教学准备

PPT、A4纸。

五、教学过程

（一）课堂导入——大风吹

活动规则：老师说“大风吹”，学生问“吹什么”。老师说出一些特点，具有该特点的同学都要起身，并鼓掌五次。

（例如：吹戴眼镜的同学，吹戴红领巾的同学，吹写字好看的同学，吹风趣幽默的同学……）

提问：在活动过程中，你是否有犹豫过，不知道自己是否应该站起来？

生：参与活动，并分享感受。

师：小结活动，并导入主题。

（二）活动一：独特的手印

活动规则：

1. 每位同学准备一张白纸，统一绘制你的手印（左手）；
2. 在纸的背面右下角写上你的名字；
3. 仔细观察你的手印，看看它究竟是什么样的；

4. 请同学们寻找一下，班上是否有跟你一模一样的手印。

活动分享：你找到跟你一模一样的手印了吗?

师：组织学生参与活动，分享感受，并小结活动——每个人都是独一无二的。

师：引导学生思考，可以从哪些方面认识自己。

生：分享自己的想法。

师：PPT 展示并小结认识自己的途径。

PPT 展示内容如下：

我们可以从生理、心理、社会这三个方面来认识自己。生理特点包括我们的身高体重、外貌特点等；心理特点包括我们的性格、兴趣爱好等；社会主要指的是我们的社会关系以及社会角色，包括我们的人际关系，我们身上所具有的角色如学生、孩子、少先队员等。

（三）活动二：续写手印

活动规则：

1. 中指最长，写上自己的优点；
2. 小指最短，写上自己的不足；
3. 食指，写自己的性格，处事特点；
4. 无名指，写上你认为别人不了解的一面；
5. 大拇指，代表别人的看法，由小区成员完成。

手印绘制结束后，请同学介绍自己的手印图，重点是食指、中指、大拇指。

活动分享：对比自己和他人对自己的看法，一致吗？你有什么感受?

生：参与活动并分享感受。

师：小结活动，并展示乔哈里窗的相关理论。通过故事一则（详见教学资源），帮助学生理解乔哈里窗中的未知区。

思考：这个故事给我们什么启示?

师：对故事进行小结。每个人都不应该低估自己，不管什么时候都应该对自己有所期待。因为这有可能会激发我们的潜能，有意外收获。但在激发我们的潜能之前，我们更应该要知道自己想要成为一个怎样的人。从小结导入下一活动。

（四）活动三：掌握未来

活动规则：请在自己的手掌心中用以下句式写下 3 句话。

“我希望成为一个____________________的人”

生：按照要求，完成句子填写。

师：小结活动。

（五）课堂小结

师：小结本课内容，认识自我包括认识“现实我”“理想我”以及“潜能我”。布置课后作业，让学生为激发“潜能我”写下具体行动，如怎样改正“小拇指”上的缺点或如何发扬“中指”上的优点等。

六、教学建议

1. 注意时间把控

本节课的活动较多，教师要注意时间的把控，尽可能留给学生更多的时间完成活动，充分分享感受。如果时间实在不够，可以将该课分为两个课时，让学生充分分享。

2. 重视作业环节

课堂结束前，给学生强调要用心地完成该作业，并说明在下节课中，教师会预留充足的时间给学生分享。

这一作业，是对该节课的延伸，需要教师和学生的重视。完成好这一作业，有利于学生提升自我，完善自我。

七、教学资源

故事一则

有两位年届70岁的老太太，一位认为到了这个年纪可以算是人生的尽头，于是便开始料理后事；另一位却认为一个人能做什么事不在于年龄的大小，而在于怎么个想法。于是，后者在70岁高龄之际开始学习登山，随后的25年里一直冒险攀登高山，其中几座还是世界上有名的。就在后来她还以95岁高龄登上了日本的富士山，打破了攀登此山的最高年龄纪录。她就是著名的胡达·克鲁斯老太太。

“从‘不可能’到‘不！可能’”
五年级其他主题课程

一、学情分析

五年级的孩子追求彰显个性，竞争意识增强，不甘落后。但在遇到问题时，没有实践操作能力，很难准确理解其中内涵。因此，在此阶段培养学生解决问题的能力，以成长型思维接触自然和社会，保持更加主动和积极的态度强硬迎接更复杂的挑战尤为重要，因而特设计该课程。

二、教学目标

1. 情感目标：学生初步体验成长型思维带来的力量，激发培养成长型思维的动机，更好地应对成长的每一课题。

2. 认知目标：学生了解成长型思维和固定型思维的两种模式，认识到这两种思维的影响。

3. 行为目标：学生学会觉察自己的思维模式，并尝试用成长型思维来面对困境。

三、教学思路

四、教学准备

多媒体课件、OH 卡牌、过河问题的任务单。

五、教学过程

（一）拍手挑战

师：请学生在有限的时间内完成拍手挑战。

生：活动。

师：提问学生________

1.30 秒，你拍了多少下？

2.30 秒，你能拍手 100 下吗？

生：挑战。

（二）思维扫描单

师：请学生根据自己的期末情况，选择自己考试考得不好的原因，以"我这次考得不好是因为（序号 A/B……），我认为这是可以 / 不可以改变的"句式造句，并据此找出自己的思维模式是哪种。

原因如下：

A. 我平时对这门课的作业不太认真，或课外习题做得太少。（成长型思维）

B. 我本来就不是学这门科目的料，怎么努力都没用。（固定性思维）

C. 我刚好这门考试的运气比较差。（固定型思维）

D. 考试考差了，我怎么那么笨呀。（固定型思维）

E. 这次考试我做题很粗心，漏看了一些条件。（成长型思维）

生：造句。

师：提问学生__________

1. 以上的选项有什么特点呢？

2. 两种思维是什么思维呢？

3. 两种思维有什么区别？（特点、影响）？

两种思维：

	特点	影响
成长型思维	能力是可以通过锻炼改变的，不怕失败的	积极努力，乐于挑战
固定型思维	能力是天生的、后天无法改变的，害怕失败	逃避挑战，容易放弃

生：理解。

（三）过河挑战

师：请学生分小组，共同合作，挑战过河。

过河挑战：

一家四口去旅行（爸爸、妈妈、儿子、女儿），在路上遇到了歹徒。幸好被一个警察所救，警察逮捕了歹徒。警察和他们正好同路，就带着歹徒一同回去。在回去的路上有一条河，河上只有一只小船，只能坐两个人。

但是：

（1）警察如果不和歹徒一起，歹徒就会伤害他人（但歹徒不会逃跑）；

（2）母亲和儿子在一起时，如果没有父亲在场，母亲就会教训儿子；

（3）父亲和女儿在一起时，如果没有母亲在场，父亲就会教训女儿；

（4）只有警察、父亲、母亲三个人会开船。

生：挑战。

师：提问学生__________

1. 过河挑战中，你有发现什么吗？

2. 完成过河挑战的过程中，你模拟了多少次过河？

3. 多次模拟后，能否成功？（离成功会不会近了一点？）

（四）转换思维，拥抱成长

师：请学生选择一张 OH 卡牌代表自己在学期总结后的困境，将卡牌随意放置在纸上，并在其附近绘制自己的成长思维海报。

生：活动。

六、教学建议

时间充足的情况下，建议让学生充分模拟过河挑战，在其过程中不断暗示学生相信多次尝试后会成功，并在成功后给予正向的反馈。

七、教学资源

OH 卡牌的使用说明：《OH 卡与心灵疗愈》《OH Cards 欧卡，经典玩法 101》。

“我的心灵压力尺”
六年级学习适应主题课程

一、学情分析

《中小学心理健康教育指导纲要》指出，高年段的学生需帮助其克服学习困难，正确面对厌学等负面情绪。压力也是学生产生负面情绪的主要因素之一。本课帮助学生了解压力，分析自身压力，并找到适合自己的缓解压力的方式。

二、教学目标

1. 情感目标：感受到压力是可以自己调节的。
2. 认知目标：了解压力是什么。
3. 行为目标：了解自己的压力，并找到适合自己的缓解压力的方式。

三、教学思路

四、教学准备

气球。

五、教学过程

（一）课堂导入

1. 游戏：拍气球比赛

游戏规则：请三位同学参加拍气球比赛，把手中的气球往高处拍，分别拍吹入不同量气体的气球，其中一个只有一点点气。

2. 分享：刚刚哪位拍得最好？为什么这位同学拍不起来？是他不会拍吗？请同学互换气球再次感受一下。

3. 提问：气球里的气是越多越好的吗？

总结：气球里的气，就是气球感受到的压力，我们人感受到的压力也和它类似。

4. 换不同大小的气球，吹同样多的气。

提问：看到这两个气球，你体会到了什么？

总结：压力是我们的主观感受，同样一件事情，对你来说压力很大，但是对别人来说压力可能就很小。每个人的经历不同，对不同事情的压力感受是不一样的。那么压力到底好不好呢？看视频介绍压力。

（二）我的压力尺

我们生活中曾发生过正在发生着许多的事情，每件事情给我们不同的压力感受，请在心灵压力尺上标出三件事情带给你的压力值，0 代表一点压力也没有，5 代表这件事情带给你的压力刚刚好，10 代表你快承受不住这些压力，像气球一样快爆炸了。

小组分享：你觉得哪件事情给你的压力是不够的？那件事情带给你的压力太多了？

（三）平衡压力尺

我们的压力来源于：

1. 外部压力：如学习压力，和他人发生矛盾的人际冲突压力等；

2. 内部压力：自我期待过高，自身能力不足等。

在压力尺上写出三个事件的压力来源，并思考调节方法。

小组分享：面对这些压力，你尝试过什么调整的方法，效果如何？还可以用什么方法？

六、教学建议

1. 气球可以让压力直观化，建议多个角度演示。

2. 关注个体差异，同一件事情不同的人面对时所感受的压力不同。

3. 涉及个人隐私的事情不强迫分享。

“当青春来临时”
六年级青春期教育主题课程

一、学情分析

刚步入青春期的学生，已开始意识到彼此间的差异，可能会让他们开始对异性产生兴趣，也可能会产生抵触。这些生理上和心理上的变化，都有可能给学生带来各种烦恼，阻碍他们的身心健康发展。因此，对小学高年段的学生进行青春期教育十分必要。青春期教育包括帮助学生了解青春期的相关知识，建立正确的异性交往观，并给予学生积极向上、正面且科学的指导，为即将到来的各种困惑和挑战做足心理准备，帮助学生安全、健康地度过青春期。

二、教学目标

1. 情感目标：感受青春期的变化，尤其是情绪变化。

2. 认知目标：认识身心变化，理解和接受他人的变化。

3. 行为目标：帮助树立健康的异性交往观，学会处理青春期期间的烦恼。

三、教学思路

四、教学准备

学习单。

五、教学过程

（一）课堂导入——口是心非

活动规则：

1. 同桌两人为一组，一人提问，一人回答，回答的同学只说“是”或者“不是”，所提问题只能是封闭式问题。

2. 回答问题的答案必须是口是心非。例如：提问男生“你喜欢跑步吗？”如果是喜欢的，那这个男生就必须回答“不是”；提问女生“你喜欢剃寸头吗？”如果是不喜欢的，那这个女生就必须回答“是”。

3. 问题最好新颖有趣，但以尊重为前提提问。

师：在这过程中，你认为最有趣的提问是哪个？为什么？

生：分享自己的感受。

师：通过学生的分享，引导学生发现男女生之间已经开始出现明显的差异，青春已经在不经意间来临，从而导入主题——当青春来临时。

（二）青春的画像

师：引导学生思考，开始进入青春期的我们，身心发生了哪些变化？例如身体特征、性格、情绪、对待异性的态度等。

生：在学习单上绘制自己青春的画像，并列出自己所发生的变化。完成后进行分享。

师：引导学生认识到，进入青春期的我们身心都会发生变化，这是正常现象。尤其是对待异性关系时态度的变化，要学会正确看待。

（三）青春的烦恼

活动规则：

1. 每位同学一张便利贴，在便利贴上写出一条青春期的烦恼。

2. 将写好的烦恼匿名投进教师自制的青春烦恼箱中。

3. 每小组的组长抽取一条烦恼，进行小组讨论，并给出解决烦恼的建议或方法。

师：通过学生分享的烦恼和建议，归纳并展示青春期生理和心理变化的特点以及一些常见的烦恼和解决办法。

（四）课堂总结

刚步入青春期的我们，内心可能既充满喜悦，又充斥着矛盾。但这一切的身心变化都是正常的，可接纳的。若遇到困惑时，我们需要及时求助身边的人，可以是你的父母、老师，也可以是你的同学、亲人等。及时解决困惑，保持心理健康，才可以顺利健康地度过青春期，拥有充实而美丽的青春。

六、教学建议

1. 做足课前准备

在"青春的烦恼"这一环节中，学生可能会提出各式各样的烦恼，尤其是异性交往的问题，因此需要教师在课前做足充分的准备，有较强的应变能力。

2. 给予充分的尊重与包容

进入青春期的学生较为敏感，自我意识较为强烈，因此在学生分享的过程中，要充分尊重他们，开放与包容，用心倾听他们的想法。

七、教学资源

学习单

青春的变化

身体变化：

个性变化：

情绪变化：

交友变化：

“校园欺凌零容忍”
六年级人际交往主题课程

一、学情分析

在日常的教学过程中，老师经常会听到五、六年级学生汇报被欺负的情况，主要有以下几种校园欺凌的形式：相互取外号，抢别人的物品，言语攻击和肢体冲突、很多学生对于校园欺凌的定义、形式及如何应对欺凌的知识了解较少。初中的心理老师发现部分学生由于小学曾经遭受校园欺凌而产生了负面影响，为了更好地预防校园欺凌，使同学们不做欺凌者，在面对欺凌的时候能够更加勇敢地应对，同时引导学生不做冷漠的旁观者，因此在小学阶段设计了本节课程。

二、教学目标

1. 情感目标：提高自我保护意识，增强应对校园欺凌的勇气。

2. 认知目标：认识校园欺凌的定义以及对受害者、欺凌者、旁观者的危害。

3. 行为目标：掌握欺凌事件的三个角色应对校园欺凌的方法。

三、教学思路

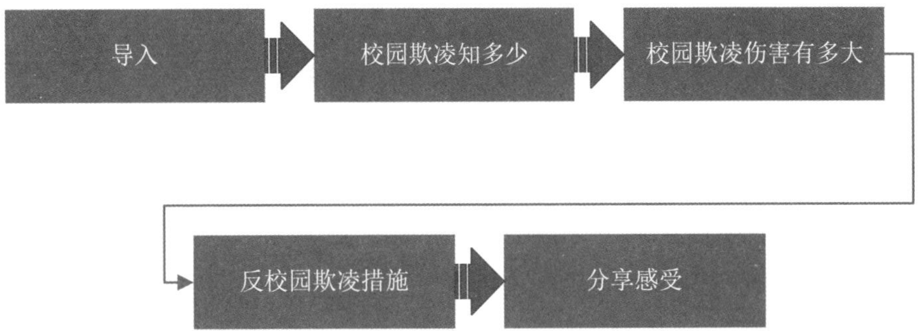

四、教学准备

上课前两周播放电影《奇迹男孩》、学案（附文末图一）、六人一小组。

五、教学过程

（一）导入：奥吉怎么了？

规则：1. 请你想象“奥吉”可能会听到的具有伤害性的言论并对着“奥吉”说出来；

2. 每说一句伤害性的话就把画有“奥吉”的学案揉一下，或者戳一个洞；

3. 允许放弃。

师：

1. 我们刚才做了什么？“奥吉”现在怎么样了？

2. 如果你是“奥吉”，你感受是怎样的？你最想说什么？

生：分享感受。

（二）校园欺凌知多少

PPT 呈现五张图片。

图一：发生在校外，一个社会人士对在校学生身体攻击。

图二：在校内，一个学生踩另一个学生的铅笔。

图三：一群学生对另外一个学生说：“现在开始你不能跟我们玩。”

图四：一群学生用言语侮辱一个学生。

图五：强行用手机给他人拍照并威胁要发到社交平台。

生：对以上图片做出判断，并说出判断依据。

师：给出校园欺凌定义：发生在校园内外、同学之间，一方单次或多次蓄意或恶意通过肢体、语言及网络等手段实施欺负、侮辱，造成另一方身体伤害、财产损失或精神损害等事件。

（三）校园欺凌伤害有多大?

1. 播放视频：奇迹男孩的一个小片段（被欺凌者——奥吉、欺凌者——朱利安、旁观者——威尔等人的剪辑视频）。

师：校园欺凌对这三者分别有什么危害?

生：小组讨论校园欺凌对欺凌者、被欺凌者、旁观者的危害，小组代表分享。

老师结合学生的答案补充校园欺凌的危害：

（1）对被欺凌者：身体受伤，心理伤害，胆小，不自信，注意力分散，不敢与人交往；

（2）对欺凌者：被社会排斥，交不到真正的朋友，不学无术，行为失调，暴力倾向加剧，失去道德底线，被法律制裁；

（3）对旁观者：焦虑、不安、愧疚，没有安全感，加入欺凌行列造成更大危害。

师：校园欺凌一般发生在什么时候?

生：自由分享。

2. 小结：

地点：校园偏僻处。

时间：课间、放学、放学途中。

对象：被欺凌后不愿意发声的同学。

措施不当（欺凌发生后自助方式不当，没有告诉老师、学校、家长）。

（四）反校园欺凌措施

1. 情景表演

PPT 出示欺凌事件：大课间的时候，小王拦住小鹏，威胁小鹏把自己新买的手表拿出来，不然就揍他，小杰在旁边看到了……

2. 小组任务

（1）6 人一组，自由分配角色：欺凌者、被欺凌者、旁观者、小组代表（总结方法），这三种角色在面对校园欺凌时恰当的做法是什么呢？要求行之有效（在遵守法律法规的前提下进行）。

（2）小组派一个代表将小组智慧结晶写下来，准备分享。

（3）时间为 6 分钟（播放背景音乐）。

3. 教师小结

（1）欺凌者——及时改变（增强法律意识）；

（2）受欺凌者——学会求助（告诉老师和家长，校外可以报警，不外漏个人钱财，不去偏僻角落）；

（3）旁观者——做出力所能及的帮助（告诉老师和家长，不和欺凌者同流合污）。

温馨提醒：一切以生命安全为前提。

师：“如果身边的同学、朋友遭遇了校园欺凌，我们可以做些什么？”

（1）在面对校园欺凌时，首先准确识别（是否遇到的是校园欺凌，避免产生不必要的误会）；

（2）在遇到校园欺凌时，寡不敌众时能逃就逃，不能逃就机智应对。

教师小结：尊重、理解、包容、陪伴。

4. 分享感受

师：上完本节课，你对于校园欺凌是否有了更多的认识？

教师小结：我们可以发现在欺凌事件中一共存在三种角色，大家可能也很有可能成为任意一种。反对校园欺凌并不是某个人的责任，而是需要大家一起努力，所以希望大家在以后的学习生活中看到欺凌事件发生时能及时站出来报告，同时也坚决不能成为施暴者。希望大家都能够变得足够强大，保护自己和身边人。

5. 播放视频《青春需要温暖》。

六、教学建议

情景表演活动环节中，要引导学生在表演中不要恶意伤害他人，重点放在如何自我保护以及保护他人。

七、教学资源

视频：《青春需要温暖》。

“悦纳自我”
六年级认识自我主题课程

一、学情分析

认识自我是一个自我意识（自己对自己的认识）觉醒的过程，是对自己身心活动的觉察。拥有良好的自我意识对自我发展和适应起着至关重要的作用。小学阶段是人的自我意识的客观化时期，能否正确认识并悦纳自己直接影响着健康心理的养成。随着年龄的增长，六年级孩子进入了青春早期，这是“自我”概念形成的重要时期，学生对自己的审视也渐渐深入。部分六年级的孩子能够对自己有全面客观的认识，能积极悦纳自我。但一部分孩子对自我的认识比较片面，显得比较敏感，很在意别人的看法，对自己的肯定和欣赏不够。因此，设计本节课，帮助学生更好地认识自我，客观地评价自己。

二、教学目标

1. 情感目标：接纳自己的特点。
2. 认知目标：了解自己的优缺点。
3. 行为目标：发扬自己的优点，修正缺点。

三、教学思路

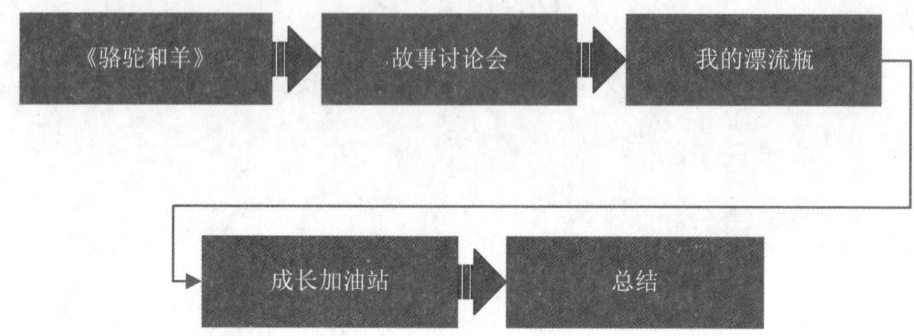

四、教学准备

皮筋、便利贴。

五、教学过程

（一）课堂导入：观看寓言故事《骆驼和羊》

师：引导学生不仅要看到自己的优点还要看到自己的不足，然后引入主题“悦纳自我”。

（二）故事讨论会

美国著名总统林肯被他人嘲笑自己的外貌，说“你长得真丑陋，简直让人不堪入目”，林肯不仅不生气，而且还微笑地说道：“先生，你应该感到荣幸，你将因为骂一位伟大的人物而被人们所认识。”

师：假如你是林肯总统，当时会有怎样的反应？你会怎样回复嘲笑自己的那个人呢？

师：引导学生正确看待他人的评价，看待自己的缺陷与不足。

（三）我的漂流瓶

活动要求：在便利贴上写上自己的不足之处，然后写上自己的名字，并用皮筋扎起来，制成漂流瓶，在组内依次传递，其他成员打开漂流瓶，写上对方的不足之处。

师：通过写漂流瓶的活动，让学生认识自己在他人眼里的看法，引导学生在查看自己漂流瓶的时候，思考是否发现了自己不曾发现的缺点，或是否赞同他人写的不足之处，积极与同学交流感受。

（四）成长加油站

生：小组讨论，对于自己的不足之处应该怎样面对？用以下句子为自己加油，并凭自愿在全班展示。

虽然我有不足__________，但是我可以__________。我依旧喜欢自己。

师：引导学生正确看待自己的不足之处，改正可以改正的不足，接纳不能改正的不足，悦纳自己。

（五）总结

师：每个人都有自己的不足之处，关键看自己如何看待，不完美才是生活的常态。

六、教学建议

在书写漂流瓶的时候，要引导学生正确看待他人对自己的看法，特别是他人书写的不足之处不符合自己的时候。

“探索学习的奥义”
六年级高效学习主题课程

一、学情分析

广义的学习是指人与动物在生活过程中凭借经验产生的行为或行为潜能的相对持久的变化。狭义的学习专指学生的学习，学习可以帮助我们获得解决问题的知识和技能。培养学生的学习能力，帮助学生调整学习心态，体验学习成功的乐趣是心理健康教育的重要内容。对于六年级的学生来说，学习任务进一步加重，但其学习的主动性不强，对学习的理解较为浅显，当在学习上遇到困难时，容易产生挫败心理。本课通过一系列活动，让学生对于学习的定义和意义产生新的认知，培养学生克服学习上的困难，不断努力学习的精神。

二、教学目标

情感目标：觉察学习的动力，体会学习的快乐。

认知目标：体会学习是人生中非常重要和有意义的事情。

行为目标：理解学习的意义，培养克服困难、努力学习的精神。

三、教学思路

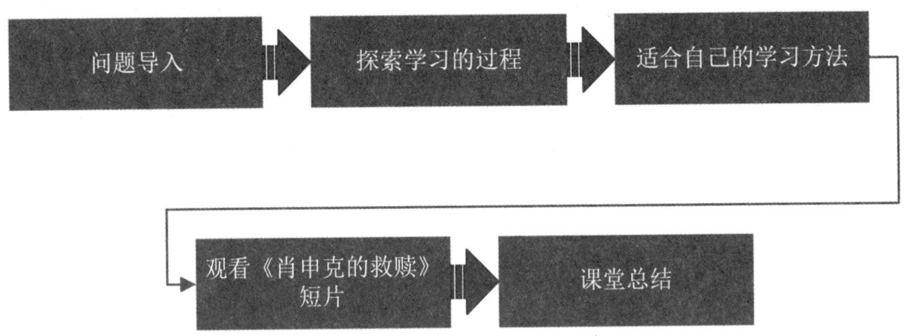

四、教学准备

《肖生克的救赎》短片。

五、教学过程

（一）问题导入

师：展示作家龙应台在写给孩子的书信《亲爱的安德烈》这本书中写的内容。

“孩子，我要求你读书用功，不是因为我要你跟别人比成绩，而是因为，我希望你将来会拥有选择的权利，选择有意义、有时间的工作，而不是被迫谋生。当你的工作在你的心中有意义，你就有成就感。当你的工作给你时间，不剥夺你的生活，你就有尊严。”

提问：

1. 对你来说，什么是学习？

2. 你认为，为什么要用功读书？

师：总结学生的回答，并解释、归纳学习的意义即获得知识，培养技能，产生新认知，由此引入“探索学习的奥义”课题。

（二）探索学习的过程

情景：冰冰已经上六年级了，但是他还没有养成良好的学习习惯，也没有掌握好的学习方法。刚刚上课，他妈妈就急急忙忙地敲开了教室的门。“王老师，冰冰的作业和书本在这里。这孩子昨天晚上10点多才写完作业，书包没整理就睡觉了。今天早上快7点半了才起床，直接抓起书包就来学校了。”冰冰的妈妈一边把作业和书本递给老师，一边说着。

这种情况在冰冰身上已经出现很多次了。其实，冰冰学习还算努力，就是成绩一直上不去。他在做作业、考试之前从来不复习，遇到不会的题就自己在那里冥思苦想，也从来不去请教老师和同学。有时想不出来了，他还会急得哭，觉得自己是不是太笨了。虽然智力测试的结果表明，冰冰的智力没有问题，但是，冰冰越来越觉得自己不是学习的料，学习对他来说是瞎费功夫。

提问：

1. 冰冰为什么成绩一直上不去呢？

2. 冰冰的情况有没有和你的学习有相似之处呢？有没有好的方法可以帮助冰冰？（教师需要注意让学生提出具体可操作性的建议。）

师：根据学生的回答进行总结，强调学习方法的重要性。

（三）适合自己的学习方法

情景：萧萧是明天小学六年级的学生。期末考试快到了，萧萧又开始手忙脚乱了。这天放学后，当她把作业写完，就叫妈妈到她的房间里。你知道她找妈妈干什么吗？原来从上学开始，萧萧每次考试前，都让妈妈帮助她一起复习。她先把自己要复习的内容告诉妈妈，然后让妈妈出题来考她，或者让她妈妈听她背诵得对不对……

要求：

1. 两人一组，分别扮演萧萧和萧萧妈妈，在上述情境下，通过表演，了解这种复习方法的效果。

2. 六人为一个小组讨论，萧萧这样的复习方法有什么好处？又有哪些不好的地方？这样的学习方法可以一直进行下去吗？

师：根据学生的回答进行小结。

3. 请同学们将课前记录好的学习方法卡片拿出来，在小组中说说自己平时在学习过程中，都采用了哪些学习方法；通过交流，总结出学习中有哪些好方法；在班级中汇报各组发现的好方法。

学生总结归纳学习方法，教师补充。

（四）观看《肖生克的救赎》短片

师：播放视频《肖申克的救赎》肖申克越狱片段。

分享：你在这节课中学到了什么？

课堂总结：根据学生回答进行总结，努力总会有所回报，鼓励学生勇敢面对学习中的挫折。

六、教学建议

课程结束后可以让学生将学习卡片张贴在班级里供全班同学学习参考。

七、教学资源

努力学习的名人故事：

欧阳修借阅典籍：北宋大文学家欧阳修，自幼天资过人，但是他四岁时父亲就去世了。由于家境贫寒，家里无钱买纸买笔，欧阳修的母亲郑氏为了让儿子习文练字，想出了一个巧妙的办法，用荻草代替毛笔教小欧阳修写字，还教给他诵读许多古人的篇章。到他年龄大些了，家里没有书可读，便就近到读书人家去借书来读，有时接着进行抄写。就这样夜以继日，废寝忘食，只是致力读书。欧阳修勤奋刻苦，练成了一手好字，成为远近闻名的神童，而这种刻苦精神也影响了他的小伙伴李尧辅，将李尧辅带上好学之路。

“消极情绪的积极作用”
六年级情绪调适主题课程

一、学情分析

情绪是人对客观事物是否满足自身需要而产生的态度体验。六年级学生迎来青春期，情绪波动较大。在此身心发展的关键阶段，启发引导学生学会了解、接纳情绪，培养积极心态，对学生的健康成长具有重要意义。本节课带领学生了解人有各种情绪，认识消极情绪与积极情绪一样具有积极作用，情绪对我们身心健康和生活有影响，指导学生正确接纳情绪，发展良好的情绪品质，培养健康人格。

二、教学目标

1. 情感目标：感受到消极情绪的正面意义，并接纳自己的消极情绪。
2. 认知目标：了解到无论是积极情绪还是消极情绪对人都是有价值的。
3. 行为目标：掌握合理宣泄情绪的方法，并应用到日常生活中。

三、教学思路

四、教学准备

《头脑特工队》选段视频。

五、教学过程

（一）课堂导入：头脑特工队

出示《头脑特工队》的5种情绪动画人物（上课之前给学生看完这个电影），让学生猜出动画人物代表的情绪和其性格特点，从而引出今天的主题。

（二）消极情绪的产生

师：我们五年级时学习了情绪ABC理论，什么决定了我们的情绪？

学生回答。

小结：我们对事件的看法决定了我们产生的情绪。

师：我们都喜欢愉悦的情绪，那同学们知道我们为什么会产生不愉悦的情绪吗？什么会影响我们对事件的看法呢？

学生回答。

小结：情绪ABC理论，如果B是合理的、现实的，那么由此产生的C也就是适应的。否则，非理性的信念就会产生情绪困扰和不适应的行为，不合理、不现实的信念是导致其情绪困扰的根本原因。非理性信念的特征：1. 绝对化的要求；2. 过分概括的评价；3. 糟糕至极的结果。

（三）消极情绪的产生

师：提问学生近一周消极情绪的经历，并说说你为什么会产生这样的情绪？

学生回答。

总结：每一种情绪都有它独特的价值，接纳它们，“听懂”情绪要说的话，理解与接纳它们对我们的成长很重要。

（四）情绪宣泄的方法

师：当你处于消极情绪中，你会做什么？

学生回答。

总结：合理宣泄情绪的方法有运动、唱歌、看书、写日记等。

（五）播放《头脑特工队》片段

师：影片中，冰棒的火箭被推到了悬崖下，他很难过。乐乐是怎么开导冰棒的？忧忧呢？

学生回答。

师：影片中，冰棒的火箭被推到了悬崖下，他很难过。这时乐乐希望他能开心起来，逗他开心，但是没什么用。忧忧倾听了冰棒内心的想法，等冰棒宣泄完之后他们又重新出发了。

小结：我们每个人都会产生消极情绪，它提醒我们要关注自己的内在，看到自己的需要，把情绪宣泄出来然后做出改变的行动。每种情绪都具有重要的意义，都是不可或缺的。

六、教学建议

对于没有观看《头脑特工队》的班级，教师上课前可以花 2 分钟的时间介绍一下重点人物，学生更能较好地接受。

七、教学资源

电影：《头脑特工队》。

“我的生命电量”
六年级生命教育主题课程

一、学情分析

六年级的学生开始进入青春期，这是人生发展的关键时期。这个时期学生的精神生活可能会比较空虚，容易陷入迷茫之中，不懂得生命的意义，不知道自己为什么而活。因此，在青春期进行生命教育，并将生命教育提到重要位置是相当必要的。生命教育的目的就是启发学生认识生命，引导学生欣赏生命，教育学生尊重生命，鼓励学生珍爱生命，帮助学生寻找生命的意义，引导学生建立积极的生命价值观。

二、教学目标

1. 情感目标：学会珍惜生命，感受到生命的有限性。

2. 认知目标：明确生命的意义，提升生命的质量，明白生命的意义和价值需要靠自己实现。

3. 行为目标：挖掘自身的资源与优势，提升自我的积极能量，学会积极面对生活。

三、教学思路

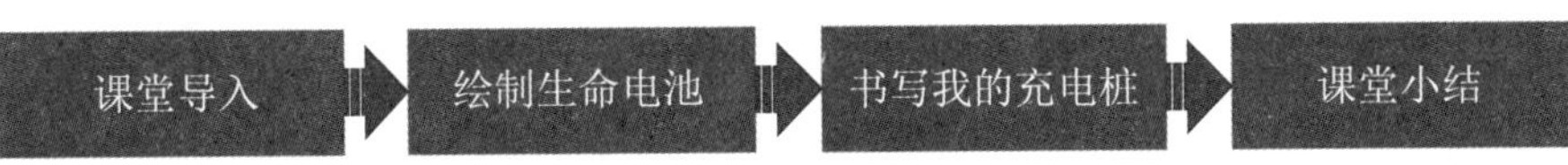

四、教学准备

《我的生命电量》学习单。

五、教学过程

（一）课堂导入

师：手机充满电的电量是100%，加入我们的生命也是一部手机，我们的生命长度也是100%，那么，你现在还有多少电量呢？

生：思考教师所引导的问题。

师：总结学生的分享，并进入新环节——绘制我的生命电池。

（二）绘制我的生命电池

活动指导语：影响我们生命电量的因素有很多，它可能包括我们的年龄、我们对生活的满意度，我们生活中有意义的瞬间、开心的瞬间，以及我们人生的信念、兴趣爱好，还可能包括我们的人际关系等，当然还会有其他很多的因素。给同学们一首歌的时间，请同学们绘制出你生命中所拥有的电池，以及这些电池的电量。每个电池假设100%是满电状态，请每位同学绘制出自己生命状态所拥有的电池，以及这些电池现有的电量剩余多少，可以为你的生命电池涂上颜色以表示所剩电量。

生：在学习单上绘制我的生命电量，绘制结束后展示分享。

师：通过同学们的分享进行小结，让学生感受到每个人的生命电池的电量都不尽相同。引导学生思考，当电量不足时我们可以怎么办？从而过渡到下一环节——书写我的充电桩。

（三）书写我的充电桩

师：引导学生思考这些生命电池是否可以充电？充电的途径有哪些？

活动指导语：我们的生命电池跟我们的健康、饮食、心情等都息息相关。我们身心健康了，我们的生命电池的电量是不是就有可能增加呢？其实电池也跟我们以前所学习的相关主题有关，请同学们运用我们所学过的知识，给你们的电池进行充电，书写属于你们的充电桩，具体写下我们可以做哪些事情给自己的电池充电。

年龄电池：健康、饮食习惯、运动状态……

生活满意度电池：寻找梦想、明确目标……

心情电池：调节心情、积极乐观……

喜好电池：寻找兴趣、合理分配时间……

人际关系电池：沟通技巧、换位思考……

生：书写我的充电桩，并展示分享。

小结语：偶尔电量不足没关系，我们有属于自己的充电桩。希望同学们认真利用自己所写的充电桩，让自己的生命电量满满，也让自己的人生更加充实。

（四）课堂总结

生命何其珍贵，当我们的生命电量不足时，需要我们及时充电，为生命增添意义，让生命更加宝贵，也让我们的人生更加精彩。拥有生命是偶然和幸运的，为了不辜负生而为人，我们都要对未来充满积极的畅想。

六、教学建议

1. 需要注重对学生的引导

本课主题相对于这个年龄段的学生而言，较有深度，需要教师的引导。尤其在"绘制生命电池"和"书写充电桩"这两个环节中，教师可以依据学生的实际情况，多举例子，让学生清楚明白应该如何绘制和书写。

2. 完善课堂升华

在课堂结束后，可以提供一些书单或电影让学生进行阅读和观看，帮助学生更深刻地认识生命。

“年度人物颁奖典礼”
六年级其他主题课程

一、学情分析

六年级学生自主意识逐渐强烈，竞争意识增强，需要建立进取的人生态度，促进自我意识发展。本节课旨在依托“颁奖”形式，为学生设立有趣、特别而有意义的奖项，让学生学会在同学身上“淘宝”，找到彼此的优点、亮点、特点。

二、教学目标

1. 情感目标：体验被肯定和被看见的满足感。
2. 认知目标：了解更多同学，认识到榜样的力量和自身的优秀。
3. 行为目标：学会欣赏他人，掌握发掘他人闪光点的技巧。

三、教学思路

四、教学准备

1. 提前做好“年度人物”准备工作，优先考虑在心理课上表现活跃或认真的学生；
2. 本堂课建议在空旷的活动室 / 活动空间进行；
3. 可以提前准备一些颁奖道具，如奖杯、塑料花朵（循环利用）。

五、教学过程

（一）热身活动：夹道欢迎

师：全班分成人数相等的两列，面对面相视而站，相隔一米，形成过道。左列走完一个后，右列走一个，两列轮流交叉走。每人依次用自己喜欢的方式从过道头走到尾同时其他同学以热烈的掌声和微笑给予回应。

（二）年度人物颁奖

师：（可以播放奥斯卡颁奖视频或其他颁奖视频示范）让学生围坐成一个圈或者前后几排，进行年度人物颁奖，名单不可提前透露，模拟现场，并让学生上台发表感言。

心理课年度最积极发言奖

心理课年度最认真思考奖

心理课年度最真诚分享奖

……

师：引导学生思考，当自己被颁奖的时候会有什么感受？询问其他学生，从颁奖词中有什么启发？

（三）你真的很不错

师：引导学生从颁奖词中总结出给出正面评价的技巧（优点、亮点、特点），两两组队，给对方写一张奖状，注意要用正面、积极的评价。

生：完成任务，分享，郑重将奖状赠与对方。

师：着重引导学生分享自己为什么给对方这个称号？有什么故事？从哪些角度给出的？

（四）大合照

快乐大合照：全班同学集体拍摄快乐大合照，同学们用夸张、搞怪的面部和肢体动作表达自我，用相机记录下来快乐的瞬间。确保每个人都能参与并享受这个过程。最好提前规划并做好组织工作，确保拍摄过程有序且高效。不要忘记拍摄后与全班分享这些美好的回忆。

六、教学建议

课程开始之前可以做一下功课，给年度人物获得者做一段简单介绍，并放在课件上。

教师在过程中要注意引导学生用语，启发学生思考，对于不太活跃的学生要予以关注和鼓励。

“职业面面观”
六年级生涯规划主题课程

一、学情分析

六年级学生独立意识明显，开始对外在世界产生兴趣，并且希望能够多了解一点世界是什么样子的，尤其是职业方面。六年级学生尚处于自我探索中，对自己的未来有一些迷茫，但同时又对未来充满了希望。

二、教学目标

1. 情感目标：感受到职业不一定是永恒的，自己需要不断学习来保持竞争力。

2. 认知目标：准确认识职业以及部分职业的特点，了解即将消失的职业有哪些。

3. 行为目标：探索和掌握一些职业需要的能力，培养自身的思考能力。

三、教学思路

四、教学准备

PPT、图片、视频。

五、教学过程

（一）导入环节——职业猜猜猜

师：先进行游戏——职业猜猜猜，看看大家对职业的了解程度有多少。

规则如下：我会展示3个有关这个职业的特点，请同学们根据职业特点猜测这是什么职业。

①红色警戒　十万火急　水深火热——消防员

②能言善辩　口若悬河　头头是道——律师

③知识丰富　谆谆教诲　教书育人——教师

④争先恐后　口齿清晰　独家新闻——记者

⑤千变万化　未卜先知　谈天论地——气象播报员

⑥尘土飞扬　指挥若定　风雨无阻——交通警察

⑦百发百中　救死扶伤　白衣天使——医护人员

⑧抬头挺胸　出生入死　保家卫国——军人

师：你还知道哪些职业？请说出他们的2 ~ 3个特点。

生：自由回答。

（二）展开环节——故事明智

师：职业是会随着时代变化和人们的需求发生变化的，我们来看短片《未来即将消失的职业》来了解一下吧。

师：讲述邮递员这一职业的发展故事。职业不会是永恒的，一些职业的消失，必然伴随着另一些职业的兴起。

师：你还知道哪些新兴的职业？

生：自由回答。

师：展示2019年中国人民大学劳动人事学院发布的生活服务类的新兴职业。

小结：这给了我们一个启示，时代在不断地变化，谁也不能保证10年后现在存在的职业会不会消失，与其把自己限定在某个职业里，还不如培养自己相应的能力，因为能力是不会消失的。

（三）深入环节——“宝箱入库”

师：每一个宝箱都代表着一个能力，仓库代表一种职业，你来连一连每一个职业都需要什么样的能力？你还知道哪些职业，需要哪些能力，可以自行补充。

生：进行“职业——能力”的连线。

师：引导学生分析教师、网络营销师、电竞选手、营养师等职业需要什么能力，指引学生发现以上的能力都是这些职业需要的能力。

生：分析每种职业所对应的需要的能力。

师：其实我们还不能确定将来要做什么，可以做什么，但是语言表达能力、逻辑思维能力、与人交往的能力、基本的计算机能力是从现在就可以开始培养的。

师：如何培养相应的能力呢？比如培养逻辑思维能力，你可以做以下这些事情：

1. 通过“自我提问”锻炼逻辑思维能力，多进行发散性思考；

2. 通过“梳理一本书”“概括一篇文章”来训练逻辑思维能力；

3. 通过“逻辑趣味题”“记忆力训练”等方式锻炼大脑来提高逻辑思维能力。

你知道还有哪些能力是现阶段可以培养的呢？可以怎样进行培养呢？

生：对现阶段可以开始培养的能力和培养的方式进行思考并记录，在全班进行分享。

（四）结束环节

师：引导学生回顾上一环节的内容并总结。

小结：即使现在的职业将来有一天真的消失了，但我们的能力还在，我们还可以从事其他的工作。希望同学们都能早日找到自己热爱的职业并且为之努力！

六、教学建议

关于职业的知识，小学生接触的面比较窄，所以课程开始前的导入环节要做好，同时为了让课堂呈现更好的效果，可以让学生在上课前查阅新兴职业等知识。

七、教学资源

邮递员的发展故事

邮递员在两千多年前就已经产生了，当时交通不发达，讯息传达受阻，邮递员这个职业就应运而生，负责给相隔两地的亲人、朋友传达重要的信息和物件。纪录片《最后的女乡村邮递员》中，一位老邮递员对这个职业的感受更是特别，他说旧社会，土匪都不打邮递员，这个活儿很体面。

但是慢慢地，网络覆盖到全国各地各县各村各户，亲友之间已经不需要等一个月甚至几个月才能通一封信了，一通电话可以听见对方的声音，一个视频通话可以看见对方，比以往便利了很多。邮递员这个职业正在慢慢消失；相应的，随着物流的发达，人们更习惯网购，快递员这个职业正在兴起。

参考资料：

网页：职业面面观－心理健康－深圳教育云资源平台（szedu.cn）

“大拇指的力量”
六年级人际交往主题课程

一、学情分析

心理学家研究证明：希望得到尊重和赞扬，是人们内心深处最大的愿望。根据《中小学心理健康教育指导纲要》，积极促进学生的亲社会行为，是小学高年级心理健康教育的具体目标和主要内容。六年级学生的自我意识不断增强，因此十分关心他人对自己的评价，尤其希望得到赞扬。本节课旨在引导学生领悟赞扬的重要性，感受被他人赞扬的愉悦，并能用欣赏的眼光看待他人，掌握赞扬的方法并积极主动地赞扬他人。

二、教学目标

1. 情感目标：体验到赞扬给人际双方带来的愉悦感。

2. 认知目标：认识赞扬在人际关系中的重要性。

3. 行为目标：掌握赞扬的方法，学会主动发现别人的优点，主动赞扬他人。

三、教学思路

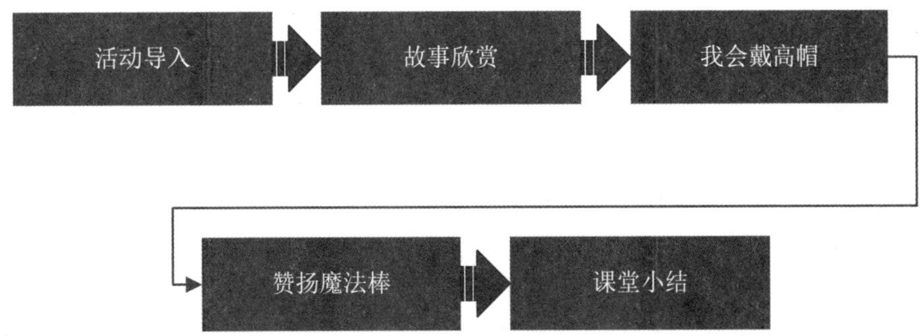

四、教学准备

PPT、视频《盖章》。

五、教学过程

（一）活动导入——手指上的赞扬

规则：

1. 用一根手指赞扬（竖起大拇指，请同学们把大拇指和你真棒送给你的同桌吧！）；

2. 用三根手指赞扬（OK 手势，请同学们边比 OK 边大声说“我们很 OK”。）；

3. 用十根手指赞扬（鼓掌，现在就让我们在掌声中开始这趟旅程吧！）。

师：通过谈鼓掌的作用，引出本节课的主题——赞扬。

（二）故事欣赏——视频《盖章》

故事内容概述：一个普通的盖章管理员因为对别人的赞美和肯定，得到了许多人的欢迎，他的柜台前络绎不绝，时常排起长龙，前往者形色各异，离去时笑逐颜开。

师：视频中的盖章管理员为什么很受欢迎？

生：思考、回答。

师：（小结）可见与人交往时，赞赏他人可以拉近人与人之间的距离。

（三）我会戴高帽

规则：与旁边的同学面对面，做出为他戴上高帽的动作，接着说出他的优点，竖起大拇指夸奖他（比如你平时做事情很细心等），被夸的同学需要说“谢谢”，然后按照这种形式夸奖对方。

师：赞扬别人的时候，你是什么感受？

生：思考、回答。

师：被夸奖的时候，你是什么感受？

生：思考、回答。

师：不管是赞扬别人还是被人赞扬，我们都有愉悦、温暖的心情。同学们比较喜欢夸张的还是真实的赞扬？

生：思考、回答。

师：（小结）我们发现赞赏首先是出于真诚，是由衷地夸奖和称赞，是发自内心的、没有功利性的。

（四）赞扬魔法棒

师：刚才的小游戏过程中，有同学不太懂得表达，如何赞扬别人更真诚？

生：思考、回答。

师：PPT 展示五个赞扬技巧，并引导学生进行练习。

赞扬的五个技巧：

1. 发现别人的优点和长处；
2. 赞美细节；
3. 不要为了赞扬一个人而贬低另一个人；
4. 不要夸张；
5. 用非语言社交信号让自己看起来更真诚（如微笑、竖起拇指等）。

生：练习。

（五）课堂小结

师：在人际交往中，真诚的赞扬可以使他人获得自尊的满足，加深双方的友谊。积极赞扬他人，还可以获得一种潜在的激励自己的动力，当赞扬别人时，这种榜样的力量会促使自己进步。

六、教学建议

在第三个环节中，观察是否有不参与的学生，多加鼓励与引导，可以利用第四环节找机会赞扬他，增强其体验感。

七、教学资源

视频资源《盖章》。

"向着目标直跑"
六年级问题分析主题课程

一、学情分析

《中小学心理健康教育指导纲要》指出小学高年级学生心理健康教育工作的主要内容包括培养学生的学习能力和分析、解决问题的能力，体会成功的乐趣。本课通过构建目标树，帮助学生明确自己的目标，学会将目标进行分解，助力目标的实现。

二、教学目标

1. 情感目标：通过拆解目标，体会目标逐步实现的快乐。
2. 认知目标：认识设定目标的重要性，通过活动明确自己的目标。
3. 行为目标：学会将大目标分解为阶段性的小目标。

三、教学思路

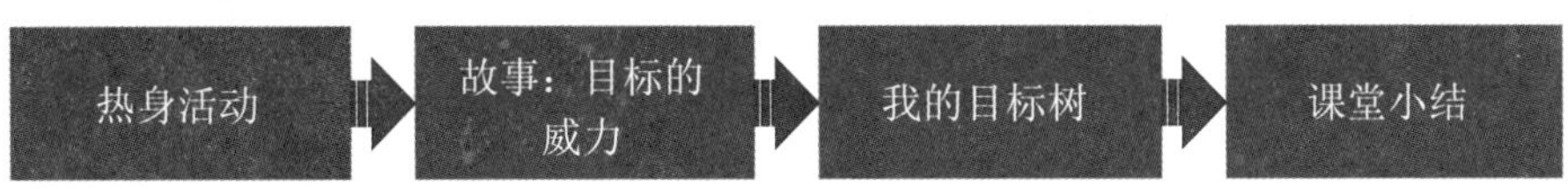

四、教学准备

教学 PPT、白纸。

五、教学过程

（一）聚精会神

师：盯着屏幕中的图片看 10 秒。图片消失后询问学生图片中羊的数量。通过观察图片，引出主题——目标有助于快速完成任务。

（二）故事：目标的威力

心理学家曾做过一个实验：组织三组人，分别向10千米外的三个村子出发。

第一组的人既不知道村庄的名字，也不知道距离有多远，只是告诉他们跟着路标走就行了。

第二组的人知道村庄的名字及路程，但是路上没有里程碑，他们只能凭借自己的经验估计时间和距离。

第三组的人不仅知道村子的名字、距离，而且每走一段路就有一块里程碑。

师：哪一组人会最先到达村子呢?

生：思考、回答。

第一组的人刚走出两三千米就有人叫苦连天；走到一半，有人开始抱怨什么时候才能走到头；越往后走他们的情绪愈发低落了，甚至有人中途就放弃了。

第二组的人一开始干劲十足，但走了一会儿后，有人想知道走了多远，却也只能凭借经验去估计。再走了一会儿，还是没有走到目的地，大家的士气就有些低落了。这时有人说快到了，大家又振作起来，加快了步伐。

第三组的人边走边看里程碑，每走过一公里便有一小阵快乐。一路上他们的情绪都很高涨，所以很快就到达了目的地。

师：小组讨论并分享——

①影响三组人不同状态的原因是什么?

②结合生活思考这个故事有什么启示?

（三）我的目标树

规则：

1. 树冠处填写近期最想实现的目标;

2. 树干处尝试将目标拆解成更小目标;

3. 空白处写实现目标的途径。

师：请学生在白纸上按照上述规则构建一颗属于自己的目标树。构建完成后请学生进行分享，其他同学可以提出优化的建议，该同学可以选择接受或拒绝。这一环节重在引导学生根据自己的实际情况建立目标，学会拆解目标。

（四）课堂小结

设立目标有助于帮助我们高效完成一项活动。请同学总结设立目标时的注意事项，课后优化自己的目标树。

六、教学建议

本节课的重点在于构建目标以及优化目标，因此良好的课堂氛围十分重要。教师在授课过程中应鼓励学生主动分享，并对其他同学的目标树进行评价。

七、教学资源

两歧图形：

两歧图形是那些可以让人产生两种或多种不同感知结果的图像，建议使用人脸与鸟巢图、老妇与少女图、鸭头图案等经典两歧图形。

“给未来的自己”
六年级认识自我主题课程

一、学情分析

六年级的学生自我认识的水平有了较大的提高，对自己有了一定的认识，但其自我认识的角度可能较为单一，不够全面。有些学生可能妄自菲薄，认为自己没有什么优点，缺乏自信；有些学生可能只看到自己的长处，导致盲目自信甚至自负。因此，需要引导学生多角度认识自我，不仅要看到自己的优势，也要看到自己的不足，并且尝试寻找途径，改善不足之处。

与此同时，六年级的学生还面临着毕业，对于即将离开小学步入初中的他们来说，可能会有些迷茫，也会有些不安。如何帮助他们更好地渡过这个时期，总结小学六年的所学所获，尝试设想自己的初中生活，做好小升初的衔接，也是六年级学生需要辅导的重点。

二、教学目标

1. 情感目标：引导学生思考过去、当下与未来的联接，感受到自己的不断变化与成长。

2. 认知目标：引导学生总结小学阶段的自我成长，为其小升初做好衔接。

3. 行为目标：引导学生思考“未来的我”“理想的我”的样子，并为实现这目标做出实际行动。

三、教学思路

课堂导入 → 我的成长轴 → 给未来的自己 → 课堂总结

四、教学准备

PPT、纯音乐、学习单。

五、教学过程

（一）课堂导入

师：播放视频《最后的831》，提醒学生认真观看，用心感受。

生：观看视频，并分享感受。

师：引导学生思考过去、现在以及未来的自己是怎样的。

生：分享自己的想法。

师：小结并导入主题——给未来的自己。我们已处于小学的最后一个阶段，需要开始规划我们的初中甚至是以后的生活。

（二）我的成长轴

绘制规则：

1. 绘制数轴，包括横轴和纵轴；

2. 横轴分为六格，分别是一到六年级；

3. 横轴以上的部分，用红笔书写自身的优点、长处以及收获，需要分时间段书写，例如一年级的优点就写在一年级这一格中；

4. 横轴以下的部分，用黑笔书写自身的不足、需要提高的方面，需要分时间段书写，例如一年级的不足就写在一年级这一格中。

5. 可以请同学用蓝笔对你的成长轴进行补充。

小组分享：

1. 每位同学需分享自己的成长轴，横轴以下的部分可以选择不说；

2. 在绘制的过程中，你看到自己在小学阶段有哪些成长与收获？

师：指导学生绘制《我的成长轴》。

生：完成绘制，并进行小组分享以及派代表全班分享。

师：对活动进行小结，并引导学生从时间上看到自身的成长，并需要思考未来的自己想要成长为怎样的模样。

（三）给未来的自己

活动规则：

完成学习单上的句子填空，并在小组间进行分享。

1. 未来的自己，我希望你成长为________的模样；

2. 未来的自己，我希望你在________方面有所提高；

3. 未来的自己，我希望你能继续保持________。

师：指导学生按要求完成学习单。

生：完成学习单，并进行分享。

师：小结活动，并对学生表达祝愿。

（四）课堂小结

小学六年的生活即将结束，即将步入初中的我们会是什么样的呢？你们会希望自己成为怎样的自己呢？希望通过这节课，同学们经过自己的思考能够对未来的自己有个初步的设想；更希望同学们通过实际行动，让自己成为理想中的自己，不畏将来，不负现在。

六、教学建议

1. 注重活动分享

在学生分享《我的成长轴》的时候，要注意肯定和表扬学生的收获与成长，同时还要鼓励学生存在的不足以及努力的方向。对于收获较少的学生，教师要帮助他寻找自己的闪光点，建立其自信心。

2. 教师可给出一些可选择性的建议

在“给未来的自己”这一活动中，教师可在 PPT 中展示一些图片或做法供学生参考。

例如第一个问题“希望成长为的模样”，教师可以在 PPT 中呈现一些人物的图片，这些人物可以是有成就的人物，也可以是平凡人。呈现多样化的人物就是要引导学生，不是做伟人才有成就，作为一名普通人，尽自己努力去学习、工作，也会有所收获，有所成长。

七、教学资源

1. 视频：《最后的 831》。

2. 学习单

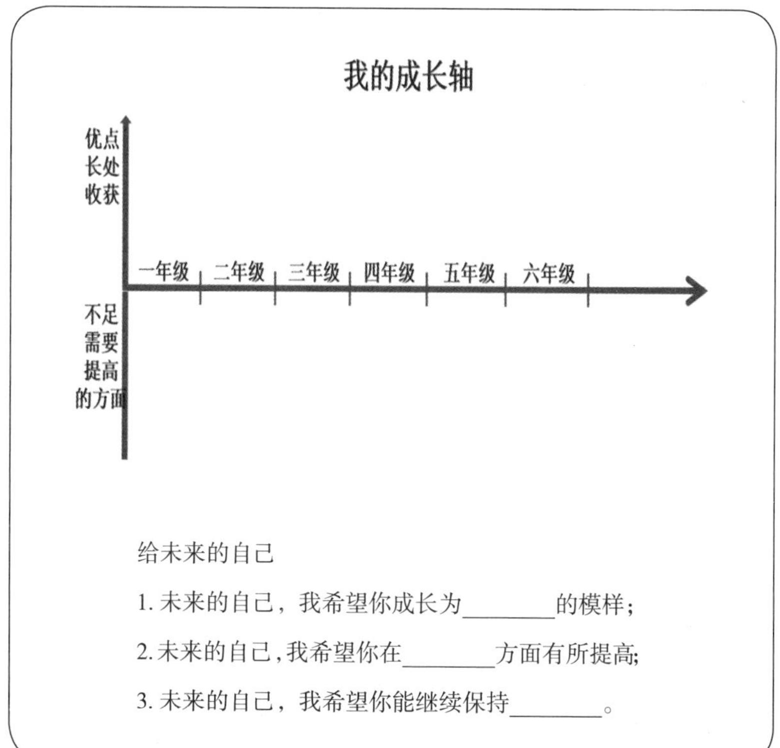

“留下记忆，奔赴未来”
六年级人际交往主题课程

一、学情分析

六年级毕业班的学生处于青春期初期，心理世界丰富，容易敏感和情绪化。由于离别以及未来新环境的不确定性，学生容易多愁善感，躁动不安。本节课旨在唤起学生的美好回忆，安抚学生的情绪，提供一个机会感恩他人，感恩集体，并带着祝福奔赴未来。

二、教学目标

1. 情感目标：安抚学生的情绪，让学生对小学生活留下美好的怀念。

2. 认知目标：让学生认识到人生成长是有阶段性的，激发学生顺利完成人生重要学习阶段的自豪感和喜悦感。

3. 行为目标：让学生带着祝福奔赴未来，勇敢面对未来。

三、教学思路

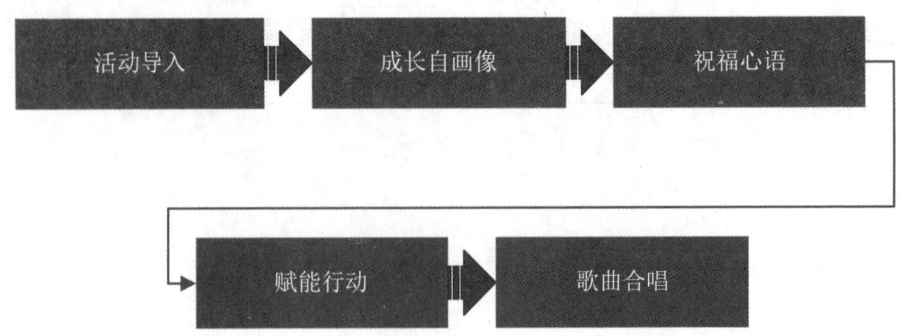

四、教学准备

PPT、白纸、彩色画笔、舒缓钢琴曲、轻快音乐。

五、教学过程

（一）活动导入——成长回忆录

师：播放舒缓钢琴曲，引导学生进行放松冥想。

引导语参考：

闭上眼睛，以一个最舒服的姿势坐好，认真聆听音乐……在你的面前，出现了一辆时空穿梭机，坐上它，你回到了一年级新学期入学时。那天，你正式成为小学生；那天你背了一个书包，走进教室，认识第一个新同学，你跟他打招呼；见到第一个新老师，全班向老师问好，就这样开始第一节课；下课后，你和同学一起到操场玩耍，操场很大很大，篮球筐很高很高，从教室到校门口的路好远好远……

慢慢地，慢慢地，你的身体变壮了，你发现你的个头在长高，你看到的校门好像变矮了，你看到的操场好像没有那么大了，你能擦到黑板更高的地方了，熟悉的同学还在你身边。慢慢地睁开你的眼睛，这，就是我们现在的课堂。

生：跟着指导语回忆从一年级到当下的成长过程。

（二）成长自画像

师：刚刚的回忆中，让你印象深刻的画面是什么呢？

生：讨论、分享。

师：把拿到的画纸平分成三份，将这个画面简单地画在第一格。

生：完成过去的自画像。

师：我们现在即将与小学生涯挥手告别，请将此时此刻的状态画在第二格。

生：完成现在的自画像。

师：大家猜猜第三格是关于什么？

生：思考、回答。

师：对的，第三格就是关于我们的未来——初中生活。大家有想过初中生活是什么样的吗？

生：讨论、分享。

师：初中生活或许像大家想的一样，或许大不相同，但都值得我们探索。现在请大家在第三格画上一个问号。

生：完成作画。

（三）祝福心语

师：面对未来的不确定性，我们或许迷茫，或许有些满怀期待。现在请大家在作品的第三格写上对自己的祝福，鼓励自己勇敢前行。

生：完成作品。

师：邀请学生分享。

（四）赋能行动

师：天下无不散之筵席，希望大家能永远记住这个班集体和这个集体里发生的一切。现在请全体起立，跟着音乐在教室里走动，当音乐停止时，大家也随之停下脚步，和你周围的同学握手或拥抱，互相说一句祝福的话，让他带着你的力量勇敢迈向新生活。

生：按要求互动。

（五）歌曲合唱

师：选取一首毕业歌，以合唱作为课堂结束。

六、教学建议

在作画环节，老师需要适当控制学生作画的时间。